- 比亚迪，立足领先的新能源技术，打造“三大绿色梦想”
- 比亚迪，技术是DNA，强大的研发实力是迅速发展的根本
- 比亚迪，用自己的产品向世界证明“中国品牌”的硬实力
- 比亚迪，正在缔造的新能源帝国向世人传递着“中国制造”的软实力

比亚迪，成就梦想

怎样运作IT、汽车和新能源

杨 华 编著

SPM
南方出版传媒
广东经济出版社
·广州·

图书在版编目（CIP）数据

比亚迪，成就梦想：怎样运作IT，汽车和新能源／杨华编著.—广州：广东经济出版社，2017.5
ISBN 978-7-5454-5346-1

Ⅰ.①比… Ⅱ.①杨… Ⅲ.①汽车工业-工业史-中国Ⅳ.①F426.471

中国版本图书馆CIP数据核字（2017）第057027号

出 版 人：姚丹林
责任编辑：李惠玉
责任技编：许伟斌
装帧设计：李康道

出版发行	广东经济出版社（广州市环市东路水荫路11号11～12楼）
经销	全国新华书店
印刷	佛山市浩文彩色印刷有限公司 （南海狮山科技工业园A区兴旺路）
开本	730毫米×1020毫米 1/16
印张	13.5
字数	226 000字
版次	2017年5月第1版
印次	2017年5月第1次
印数	1～5 000
书号	ISBN 978-7-5454-5346-1
定价	36.00元

如发现印装质量问题，影响阅读，请与承印厂联系调换。
发行部地址：广州市环市东路水荫路11号11楼
电话：（020）38306055 37601950 邮政编码：510075
邮购地址：广州市环市东路水荫路11号11楼
电话：（020）37601980 营销网址：http://www.gebook.com
广东经济出版社新浪官方微博：http://e.weibo.com/gebook
广东经济出版社常年法律顾问：何剑桥律师

PREFACE 前言

在众多的自主品牌中，比亚迪可谓是一个特立独行的后起之秀。而在业内人士的眼中，它则是一个另类且强有力的竞争对手。这一切，都是因为它在跨行业发展后仍能频创奇迹，不得不令人“拍案称赞”。

作为一个国际化企业，出色的品质和优质服务向来是比亚迪的强项。机会总是垂青于那些有所准备的人，比亚迪的成功绝非偶然，而是一流的研发能力、强大的生产基地以及优质的销售团队共同发力的结果。

比亚迪股份有限公司（以下简称比亚迪）创立于1995年，2002年7月31日在香港主板发行上市，2011年6月30日在深圳交易所上市发行，正式回归A股。比亚迪总部位于深圳，是一家拥有IT、汽车及新能源三大产业群的高新技术民营企业。

在IT领域。作为一站式手机零部件供货商，比亚迪生产各种优质的手机零部件。作为业界领先的ODM供应商，比亚迪依托垂直整合发展模式，为客户提供包括产品设计、制造、测试、装配及售后等全方位服务。

在汽车领域。比亚迪汽车形成了集研发设计、模具制造、整车生产、销售服务于一体的完整产业链组合，在车型研发、模具开发、整车制造等方面都达到了国际领先水平，产业格局日渐完善。

在新能源领域。比亚迪“三大绿色梦想”正在努力解决石油问题带来的全球环境污染和经济问题，通过科技创新造福人类、荣耀世界！

比亚迪和它的创始人王传福20多年来脚踏实地，一步一个脚印，有失败有成功。从被嘲笑到成为业界领袖，王传福用自己的产品向世界证明“中国品牌”的硬实力，比亚迪正在缔造的新能源帝国也向世人传递了“中国制造”的软实力。

据此，我们编写了《比亚迪，成就梦想——怎样运作IT、汽车和新能源》

一书，从以下10个部分为读者讲述比亚迪和它的当家人——王传福的奋斗史，希望读者从中得到一些启迪和正能量。

★比亚迪，技术为王

★王传福和他的三驾马车

★比亚迪是怎样诞生的

★比亚迪走过的不寻常路

★IT的解读

★汽车的解读

★新能源的解读

★成功之源

★社会责任

★需要人才

在不同人的眼中，比亚迪有着不同的形象，编者只是从个人的思维角度出发对比亚迪进行了观察、解读。在本书的编写过程中，由于编者水平有限，加之时间仓促，错误疏漏之处在所难免，敬请读者批评指正。同时，部分图片与文字内容引自互联网媒体，请原作者看到本书后及时与编者联系，以便支付稿酬。

编者

2017年3月

CONTENTS | 目录

在众多自主品牌中，比亚迪可谓是一个特立独行的后起之秀。而在业内人士的眼中，它则是一个另类而强有力的竞争对手。那么，比亚迪是如何诞生的呢？

从王传福创立比亚迪到其成为“电池大王”，到比亚迪进入汽车市场，再到进军

导读　比亚迪，技术为王

“中国制造”和“中国创造”的区别

“中国制造”的本质是廉价劳动力，在市场竞争中只能以低价格战来维持生计，而“中国创造”的本质是拥有领先的核心技术，在国内外的市场上都得到认可。

比亚迪在新能源汽车方面拥有电池、电机、电控3项自主的核心技术，此外，还拥有11480项国内专利和2090项国外专利。在产品方面，虽然目前插电式混合动力车型在国内各城市并没有得到一视同仁的补贴，但2015年前7个月6450辆的销量足以让它领跑该细分市场。而在国内售价超过210万元的纯电动公交K9在海外市场售价更高，已在纽约、洛杉矶、伦敦、吉隆坡、中国香港等全球超过30个不同的国家与地区的91个不同城市投入示范运营，得到广泛认可。

在国内，比亚迪已经用技术吸引两个伙伴成立了两家合资整车企业，获得了平等合作的机会，打破了用市场换技术的困局。其中，比亚迪戴姆勒推出的腾势纯电动车已于2014年9月上市，而与广汽集团合资组建的电动大巴项目也已经开展了起来。

技术变革将颠覆汽车产业

很多车企巨头开始朝双模车发力，王传福自信地称不畏惧竞争，比亚迪在双模车上除了具有价格优势外，更重要的是提前在技术方面做好了储备。“我们的电和油都是通过软件高度的控制、高度的技术整合，这是比亚迪这几年储备的技术，包括发动机电喷技术，软件的技术，自动变速箱硬件、软件的技术等。有了这些技术的高度集成，才能产生比亚迪的双模车。”王传福说，“比亚迪是一个将‘技术为王，创新为本’作为理念的企业，我们认为技术首先为战略服务，其次才为产品服务。一个公司的战略方向可能比产品更重要，一个产品失败可能损失几亿元或者几千万元，一个模具失败可能损失几十万元，而方向的失败则可能就会损失几十亿元、几百亿元，损失的时间可能是5年、10年，时间是用钱买不到的。”

技术让生活更美好

技术是比亚迪的DNA，强大的研发实力是比亚迪迅速发展的根本。

比亚迪始终坚持“技术为王，创新为本”的发展理念，坚信技术改变生活，并最终改变世界。目前比亚迪已投入巨资成立中央研究院、汽车工程研究院以及电力科学研究院，在硬件、软件以及测试等方面配备拥有1.5万名高精尖人才的技术队伍，在新材料、汽车、新能源等多个领域积累了丰富的自主开发经验。同时，凭借独特的垂直整合模式，比亚迪成功打造了具有国际水平的技术创新平台，在IT、汽车等多个领域不断推出世界领先的创新科技。

相关链接》

助力科技创新大会，比亚迪C9全球首演（节选）

2015年2月27日，比亚迪牵手广东省科技创新大会，10辆C9纯电动旅游客车作为贵宾接送车首次投入运营。作为全球首款纯电动长里程旅游客车，比亚迪C9圆满完成了大会的参观考察接送任务，其豪华大气、节能环保、超长续航里程等特点受到了政府、行业和公众的广泛关注和好评。

全球首次投入运营 助力科技创新大会

作为深圳创新驱动发展的典范企业，比亚迪商用车承担起了本届大会的参观考察接送任务。10辆C9纯电动旅游客车携贵宾从五洲宾馆出发，前往深圳园区、企业、高校和科研院所参观考察，经历深南大道、水官高速等

助力科技创新大会

不同城市路况，最后返回至五洲宾馆，圆满完成接送任务。同时，比亚迪C9以其豪华大气、节能环保、空间宽敞、动力强劲、超长续航里程等特点，吸引了与会领导和公众的广泛关注，受到了社会各界的一致好评。C9无疑是本届科技创新大会的一大亮点，成为城市亮丽的风景线。

比亚迪打造全球首款纯电动长里程旅游客车

据介绍，比亚迪C9是全球首款纯电动长里程旅游客车。在外观上，C9拥有12米、2.5米、3.55米的长、宽、高和6米的轴距，彰显商务旅游客车豪华大气的风格；在内部空间上，C9采用2门前后单外摆的设计，全车共49个座位，最高载客数达到53人，精致的内饰更显高端豪华商务客车档次；在操控上，C9凭借360千瓦的最大功率、3000牛·米的最大扭矩，最高车速超过100公里/时，续航里程达到300公里以上，而充电时间仅需1～2个小时。此外，比亚迪C9采用自主研发的轮边驱动技术，可在车辆制动时，将动能转化为电能，存储在铁电池中，有效提高行车安全，减轻传统制动系统压力，增加了续航里程，更节约能源。比亚迪C9实现了零排放，相比传统燃油大巴也具有更高的经济效益。

相关链接

比亚迪获选“百姓心中最能代表中国制造的消费品牌”

2017年3月7日，《中国经济生活大调查》在央视财经频道播出——在消费者的内心，究竟什么样的中国制造品牌可以代表中国制造的未来呢？

根据大数据调查，中央电视台财经频道（以下简称央视财经）把受关注度最高的10个中国制造的消费品牌列入问卷调查当中，累计有超过50万网友参与调查。央视财经以数据化呈现了“百姓心中最能代表中国制造的消费品牌”，前五名是：华为、格力、小米、比亚迪和海尔。

在众多知名企业中，比亚迪何以入选百姓心中最能代表中国制造业未来的品牌？何以成为榜单中唯一的交通类企业？

或许，我们可以从比亚迪董事长王传福的一句话中得到答案，在2017年的第一天，王传福参加央视《闪亮的坐标》节目时说道：“国家强，则民族兴，制造业是国家强大的基石。22年来，我们始终专注于制造业。希望用创新技术，用工匠精神，与其他民族企业，一起撑起中国制造的脊梁。”

从电池起家到跨入汽车行业，再到2016年进军轨道交通产业，不断地挑战与创新，比亚迪的成长有目共睹。

2017年2月份，刚上市的比亚迪唐100实现了百公里加速仅需4.9秒的跑车级成绩、毫秒级的全时电四驱快速响应以及可供自由切换的纯电动（EV）、混动（HEV）驱动模式，百公里油耗低至1.8升，堪称新能源汽车乃至中国汽车业界的“技术学霸”，享有“最强中国车”的美誉。

在中国人民抗日战争暨世界反法西斯战争胜利70周年阅兵盛典上，比亚迪T8纯电动洗扫车承接活动的路面清扫作业，被网友称为“第一方阵”，向世界展示了中国绿色科技和高端制造业水平。

2015年2月，比亚迪K9电动巴士在日本京都投入运营，标志着比亚迪成为首个成功打入日本市场的中国汽车品牌。此外，比亚迪电动巴士也已经出口至美国、英国和意大利等全球多个汽车强国。

比亚迪在深圳推广的e6已经超过5500辆，单车运营最长里程接近100万公里。除了电动大巴，比亚迪电动出租车的表现也令人瞩目。如今，数以万计的e6电动出租车奔驰在深圳、太原、南京等各大城市，美国、英国、荷兰和新加坡等众多发达国家也都有e6的身影。

最令人瞩目的要数比亚迪“云轨”。2016年10月，比亚迪推出“云轨”，成为中国首家进入轨道交通的民营企业。比亚迪“云轨”聚焦中小运量，瞄准城市“治堵”难题。

比亚迪“云轨”在运行中

最后，让我们一起期待比亚迪为广大消费者带来更多的绿色高科技产品，让中国制造的未来更强大。

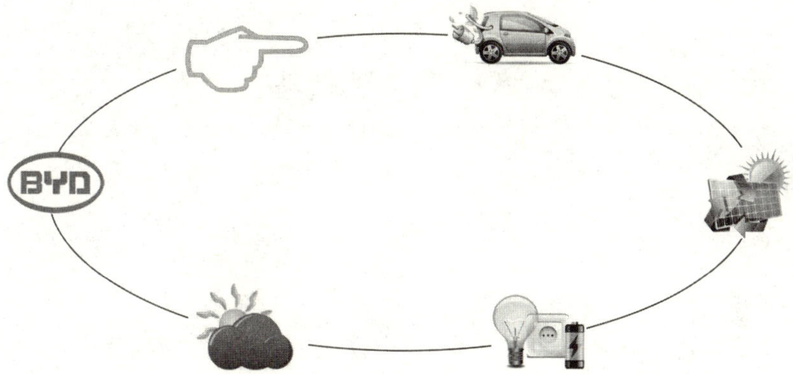

第一章
王传福和他的三驾马车

导言：

王传福被称为“技术狂人”，他带领比亚迪白手起家，14年中建立了涉及电池制造、手机配套、汽车等领域，产值约200亿元的高端制造企业。通过把可充电电池和电力汽车两个主业进行嫁接，比亚迪声称要在2025年成为全球第一大商用车制造企业。

第一节　王传福

王传福其人

王传福，安徽省芜湖市无为县人，1966年2月15日出生，1987年毕业于中南大学冶金物理化学专业，同年进入北京有色金属研究总院攻读硕士，1990年毕业后留院工作，1995年辞职创办比亚迪公司。短短几年时间，比亚迪发展成为中国第一、全球第二的充电电池制造商，2003年王传福进入汽车行业，现为比亚迪股份有限公司董事局主席兼总裁、比亚迪电子（国际）有限公司主席。

2015年，入选“十三五”国家发展规划专家委员会成员。

王传福其事

年少磨难

王传福出身贫寒，他的成长道路充满艰辛，却同时磨炼了他的坚韧意志。他的那种韧劲，那种狂性，让一般的企业家都望尘莫及。

在王传福13岁时，父亲因为长期的病痛折磨去世。家庭的经济情况开始每况愈下，哥哥王传方从此退学并赚钱养家。日子的艰难不易，母亲和兄长的殷殷期盼，不断鞭策着王传福。他明白，家庭的希望都寄托在他的身上，唯有以优异的成绩才能报答。所以在他的心里永远有一个信念，那就是“永远要比别人做得好”。2年后，在王传福即将初中毕业的时候，母亲又突然去世，命运给相依为命的兄弟俩以最沉重的打击。

考上高中

王传福母亲去世时，正值初中毕业考试。王传福因此缺考了两门课程，没有考上当时热门的中专。人的命运有时完全是偶然的，一个小小的因素就有可能改变一个人的一生。王传福的一生就是这样被改变的。20世纪80年代中专毕业后国家包分配工作，因此中专是当时很多家境贫寒的初中毕业生的首选。但是，90年代后由于国家教育政策的调整，中专毕业生面临就业困难。王传福因母亲辞世，未能考上中专，而是进入无为县一所刚建立的普通高中——无为第二中学。这种偶然给了王传福进入大学深造的上升空间。否则，一代技术狂人王传福可能会被淹没在平凡的生活中。

考上大学

1983年，王传福以优异的成绩考入位于长沙的中南矿冶学院冶金物理化学系。在王传福大三时，学校改名为中南工业大学。中南工业大学于1996年9月通过国家“211工程”立项审核，成为面向21世纪国家重点建设的大学之一。在2000年大学合并的潮流中，经国务院批准，中南工业大学与湖南医科大学、长沙铁道学院合并组建成新的中南大学。2008年10月26日，已经成为中国汽车业后起之秀的王传福回到母校，受聘为中南大学兼职教授。

中南大学logo

舞林高手

在大学期间，王传福喜欢参加各种各样的校园活动，尤其喜欢参加舞蹈活动，而且他的舞技之好在当时的校园内是公认的，甚至有人将他称为学校里的“舞林高手”。因此在大学期间，王传福的名声就在学校里传开了，不是因为他学习好，而是因为他喜欢跳舞。

研究电池

1987年进入北京有色金属研究总院攻读硕士后，王传福开始了对电池的研究。1990年硕士毕业后，其留在该院301室工作，2年后，年仅26岁的王传福被破格提拔为301室副主任。

关于梦想

比亚迪的简称是BYD，名字叫作Build Your Dreams，意思是成就你的梦想。在王传福的愿景里，梦想至少包括三个方面，如下图所示。

梦想一	太阳能	“太阳能的利用对我们人类、对我们地球来说是唯一可持续的。”王传福说。长期看，能够依靠的能源是太阳能，太阳能才是人类真正能够依靠的能源
梦想二	储能	“太阳的最大缺点是什么呢？晚上没太阳，它是不连续的能源，这时候就要用储能。”王传福介绍，储能有很多种技术，随着电动车的发展，实际上电池储能是最佳选择
梦想三	电动车	比亚迪要把电动化进行到底，范围不只包括大巴、出租车、私家车，还有矿山用车、机场用车，港口、码头等。王传福说：“我们也不希望再做别的领域，这已经足够了。这就是我们比亚迪未来对整个电动车行业的规划。”

王传福的梦想

相关链接 》》

王传福：电动车颠覆燃油车 先赌技术再定战略

王传福的梦想，是用电动车颠覆燃油车，现在，他在实现梦想的道路上跨越了一大步。

弹指一挥20年，比亚迪董事长兼总裁王传福将一家电池代工厂发展成为全球新能源汽车制造的领军者。这位技术狂人，正在一步步弯道“超车”，欲借着新能源汽车颠覆汽车行业的机会，实现自主品牌超越国际汽车巨头。

2015年，比亚迪新能源汽车销售额达220亿元，首次比传统燃油汽车高出

30多亿元。按他的设想，新能源汽车2020年在比亚迪汽车业务中将占到90%，待时机成熟将变为100%。

王传福总是结合中国市场，从一片红海的惨烈竞争中，通过技术的研发集成、生产的垂直整合，不断先于对手进入蓝海市场，或者以速度抢占市场空白。这一战略让比亚迪获得过巨大成功，也一度跌入谷底。

目前，国际原油价格一度跌穿30美元/桶，新能源汽车再一次面临着速度的考验。比亚迪电动车历经近10年的苦熬与积累，最大限度地收获了国家补贴的红利，以及技术产品先发的优势，其能否在政府补贴取消前，让新能源汽车性价比超过燃油汽车，在真正的市场竞争中颠覆燃油汽车呢？我们拭目以待。

有这样一段佳话，“股神”沃伦·巴菲特的老搭档查理·芒格三次劝说巴菲特投资比亚迪：“如果你不投资比亚迪，将会错过一个中国的福特、中国的爱迪生和中国的盖茨。”对此，王传福说：“我们很幸运，中国对新能源汽车的扶持力度非常大，这令国外很多企业家都掉口水，特别是韩国企业家。”

王传福一直不太习惯别人称自己为企业家或商业领袖，他更喜欢别人叫他工程师。

先赌技术再定战略

8年前（2008年），在深圳坪山的总部，王传福每天上下班的座驾，已经改为刚问世的电动车F3DM。2009年，在比亚迪的新能源汽车中，只卖出了48辆F3DM。他就是这样孤独地开启了中国电动车行业的历史。他自始至终坚信汽车行业将发生一场新能源革命，当时被许多人嘲笑。这场革命是否已经发生，现在仍不能断言，但从王传福的口中，吐出的几乎都是关于技术、战略、垂直整合、集成创新以及革命的内容，他敦厚白净的圆脸上，很少表露声色，倒是在谈到电动车革命时，语调才提升起来，话也变得滔滔不绝：汽车产业将重新洗牌，今日的传统巨头或将变成过去式，唯有在战略方面领先，敢于投资并深度掌握核心技术，才可能在新能源车革命中迎来春天……

先赌技术，再定战略，这是王传福自信的来源，也是他被称为技术狂人的原因。

在比亚迪深圳坪山总部六边形造型的办公大楼里，一层的技术博物馆展示了比亚迪制造的电池、手机、电脑、发动机、燃油汽车以及新能源汽车等，但远远不能展示出王传福的野心与抱负。他早已谋划，将太阳能、储能以及电动车三大产业串联起来，改变人类消费能源的方式。由于新能源汽车的爆发式增长，动力电池一直供不应求，比亚迪全球最大的电池生产工厂已在深圳落成。整条生产线完全由比亚迪自己设计。王传福戏称这个工厂代表了比亚迪的制造水平：“处于工业3.5阶段。”

出席各种活动时，王传福常穿黑西装、白衬衫，打着蓝领带。事实上，他更喜欢蓝色的工服。他身家百亿，但没有任何富人的爱好，创业时期的生活甚至和在大学校园时的区别不大，经常在饭堂里吃5元钱一顿的员工餐，与员工一样住在亚迪一村，外出乘飞机，也基本上都是坐经济舱。

由于技术的变化越来越快，汽车行业正在被重新定义，因此他比之前更忙，必须挤出时间学习。10多年来，在他的办公室里，从茶几、沙发、书柜到办公桌，到处都堆满书籍、杂志和资料，包括电池、材料、电机、汽车、发动机等各种各类。对于王传福来说，沉浸于技术之中不仅仅是他最大的乐趣，而且事关比亚迪公司发展的战略。

1995年，王传福辞掉北京有色金属研究总院的“铁饭碗”，南下深圳创建了比亚迪。从最早做电池，到手机零部件，再到传统燃油车和新能源汽车，这些对他来说都是崭新的。尤其在2003年收购西安秦川汽车公司时，买来的只是一个牌照，几乎在一片空白的状态下，他搭建起比亚迪汽车这个品牌。

王传福有个习惯，喜欢去看看书、拆拆样品、找找供应商，很多技术便慢慢地积累了起来。他骨子里流淌着规则破坏者的血液，坚决走与其他车企不同的路子，小到雨刷，大到发动机，比亚迪逐渐生产起几乎所有的汽车零部件。当时没有技术和自动化的生产线，王传福便大量使用低价人力，这一高性价比技术路线与垂直整合模式，逆袭了国际上以及国内合资汽车厂商流行的高度自动化和高度分工的生产方式，让比亚迪迅速抓住了中国汽车市场爆发的机会，成为闯入汽车领域的“野蛮人”。

王传福也充分地收获着中国的“工程师红利”。他说：“中国每年有数百万名理工科高校毕业生，在世界上你看不到哪里有这么多的工程师。”比亚迪的“校园”里有2万多名技术人员，每年从大学招收3000名有工程背景的学生，逐步筛选并将他们培养成工程师。工程师大军的研发几乎覆盖了所有与新能源和汽车有关的技术，不断交出各种报告，配合王传福实现他的构想。

比亚迪是中国市场经济中“野蛮成长”起来的民营企业，王传福是亚当·斯密的信徒，懂得竞争带来繁荣，但也深谙市场厮杀的残酷。市场经济的核心实际上是过剩的经济，过剩的经济背后是竞争，这在有“世界工厂”之称的珠三角地区，体现得尤为明显。比亚迪从一个小电池做起，早期做小产品时竞争者太多，相互打价格战。因此，王传福更清楚，必须在战略和产品上缜密规划，要做有差异化的东西，假如新产品从一开始就进入红海，存活率肯定低。

每次进入新领域，王传福多少都有些冒险，但他敢于冒险的底气，来自他对技术的执着学习与掌握。比亚迪每到一个新阶段，凭借技术生产差异化的产品，竞争对手的数量越来越少。这是王传福多年来坚持的战略。

王传福曾寄望通过技术争夺产品定价权，但闯入汽车领域后，他很快发现，传统燃油汽车技术几乎被跨国巨头垄断，赶超的机会依然渺茫，只能另辟蹊径。

2005年，王传福开始他的绿色梦想，制定超前战略。在很多人不看好电动车时，他再次大胆先行，却被认为是在烧钱。新技术的投入存在巨大的不确定性和风险，需要决策人去选择方向。以他为首的比亚迪决策层，都具有很强的技术功底，但王传福坦言，从真正的技术路线选择、产品选择，到最终形成比亚迪的战略，其实全系于他一人。在他看来，技术会让人具有更强的判断力、敏锐力和洞察力，大量阅读和研究有助于做出正确的判断。因此，他至今坚持阅读，特别是要酝酿和确定新项目时，他会集中1～2周时间，每天抽出四五个小时闭门苦读技术资料。

从陷入低潮到春暖花开

从代工转入打造汽车自主品牌后，比亚迪便开始要面对消费者，王传福本人也需要更多地在公众场合亮相，提升企业品牌和产品知名度等，思维急需在制造业与商业之间切换，亦技亦商。这对王传福来说是一大考验。

2010年，巴菲特造访比亚迪，对王传福大唱赞歌。“股神”在深圳唱的那首歌《爱的荣耀》（*The Glory of Love*），却意外成为比亚迪后来几年跌宕命运的预测：“你必须付出点什么，也接受些什么，然后心碎一下也无妨……”

2009年比亚迪风光无限，挂着王传福与巴菲特合影的比亚迪4S店，卖出了国内汽车企业销量增速冠军的成绩，王传福在这年以350亿元身家成为福布斯榜中国内地新首富。不过，他很快意识到危机，于2010年出手大调整，由之前以销售为主导回归到以产品和品质为主导的道路上，进行一场时间与技术的赛跑。

回顾这段经历，王传福坦承他犯过一些错误："比如说从最早的B2B转到B2C运营时，是一个新的业态，我们因为没有经验，在网络扩张、网络管理、品牌宣传等方面犯了一些错误。"但王传福坚持战略上没什么大错误："只是在执行层面犯了一些错误，这样会丧失一些市场份额。"

3年的调整，是令人煎熬的过程：比亚迪利润从2010年起持续3年下降，其中2012年净利润同比下滑94.12%，仅为0.81亿元，与2009年的37.9亿元相差甚远。此时，比亚迪团队一些核心成员正站在迷茫的十字路口上。比亚迪销售公司原总经理夏治冰于2011年辞职；王传福中南大学的同学、比亚迪原副总裁杨龙忠也于2012年9月辞职，辞职时他已在比亚迪干满了17年。随后，比亚迪原副总裁毛德和也在2014年3月以个人身体及年龄原因为由离职。以技术见长的毛德和，曾是比亚迪薪酬最高的高管，深得王传福重用。调整期的比亚迪，不仅产品和技术在进行迭代与升级，管理层也进入新陈代谢期。

在比亚迪陷入低潮时，王传福独自扛起巨大的压力，平时不动声色，但有一次在公司内部会上说到动情处双眼湿润。2012—2014年，比亚迪扣除非经常性损益的净利润，分别为−4.84亿元、−0.57亿元、−6.77亿元。王传福押注新能源汽车市场，就不得不接受艰难的毅力挑战赛，而这一市场正处于蜗牛式的缓慢爬坡过程：2009年，比亚迪新能源汽车销量只有48辆，2010年为480辆，2011年为1323辆，2012年和2013年的年销量都大约是3100辆，即使到2014年爆发性增长冲上2万辆，但也因为顾此失彼，传统燃油车销量下滑，比亚迪净利润还是下滑了两成。比亚迪的英文名字BYD，原意为成就你的梦想（Build Your Dreams），但在比亚迪陷入低潮时，却被戏说为胡扯你的梦想（Bullshit Your Dreams）。

电池等代工产品利润越来越薄，自主品牌燃油汽车在合资品牌的猛攻下曾节节败退，而新能源汽车未具备规模，销量重度依靠"输血"。与此同时，劳动力成本快速攀升，深圳地区工人的月薪在短短几年内由1000多元上升至3000多元，拥有18万名员工的比亚迪仅一年工资支出就超过60亿元。但王传福并没有退缩，而是加快扩张，建实验室、电池厂以及在国内外"跑马圈地式"地建生产基地等。

对于王传福来说，沿着正确的方向奔跑才是最重要的。"一旦方向失误，损失的可能就是几十亿元、几百亿元，损失的时间可能是5年、10年，时间是用钱买不到的。”他如此笃定，坚决将新能源作为未来战略的方向，是基于两点判断：一是全球共同面对化石能源紧缺问题，如果不改变消费方式的话，全球的石油只能供应几十年；二是应对气候变化，越来越成为全世界各国政府的共识。

直到比亚迪插电式混动轿车秦上市之后，在新能源汽车上苦熬多年的王传福才等来春暖花开。2015年，在多重扶持政策叠加催化下，加上雾霾这个卖力的“推销员”，中国新能源汽车销量出人意料地冲到33万辆，超越美国成为全球第一大新能源汽车市场，比亚迪也从国内新能源销售冠军晋升为世界冠军。2015年，比亚迪的净利润为28.29亿元，增长超5倍。

优势与野心

王传福一直是在质疑声中走过来的，至今如此。

“王传福对政策嗅觉很敏锐，成为新能源汽车政策红利的最大获益者。但是，刨除政策补贴之后，估计比亚迪暂时还无法实现盈利。他在采取自下而上的内生式技术创新驱动企业，至于未来能否成为杰出的商业领袖，要待到红利结束后才有答案。”泰博英思（北京）信息咨询有限公司汽车行业总监孙木子如此评价。

当新能源汽车拐点出现时，自主品牌以及跨国巨头都纷纷兵临城下，连互联网公司也热衷参与这场“颠覆”的游戏。与此同时，政府补贴政策逐渐退出，可能将于2020年完全取消。在市场中摸爬滚打的王传福心里有数，政府行为必定是新能源车发展早期的扶持，这一领域最终将由市场来决定。

“当产业处于颠覆期时，要以快制胜，提前进行技术创新和战略布局格外重要。中国在新能源产业的政策以及腹地等优势，更利于自主品牌抢先卡位，比亚迪的电池、电机、电控等技术不仅与传统巨头没有差距反而领先。”王传福相信，传统车企巨头做电动车，是因为不希望落后，但内心往往不希望燃油车被取代；而与国际汽车巨头较量的，最终是谁在电动汽车上下的赌注更大。2015年，王传福果断地以23亿元卖掉了比亚迪电子部品件有限公司，并从资本市场募资150亿元，为新一轮开战筹备弹药。

目前，比亚迪唐、宋两款插电式SUV新车已搭载 “542”技术（百公里加速到5秒以内、全面极速电四驱以及百公里油耗在2升以内的新技术指标）。比亚迪现着手研发双模“六擎四驱”新技术，力争让百公里加速时间达到3.9秒。王传福相信汽车技术最需要突破的仍然是安全，并且将更多精力投入研发智能控制提升行车安全，其中正在进行两项电动车技术革命：一是自动刹车20毫秒挑战200毫秒，一是分布式的驱动挑战单一式的驱动。比亚迪最近还在与百度联手研发无人驾驶技术。

在这百年不遇的汽车产业变革时期，王传福在面对大众、奔驰、宝马等车企巨头时变得有底气起来。他自信地认为，比亚迪在时间积累、技术储备等方面已处上风，完成新能源汽车全市场、全产业的布局，尤其是握有垂直整合这一撒手锏，集成创新的优势将会凸显。而高度专业化分工的传统车企制造新能源汽车，还需要时间来沉淀。他信手拈来举例说，在采购的自动变速箱里面加电机，双方仅谈合同可能就需要2年时间，而在一个垂直整合的体系中，这不成问题。比亚迪从电池、变速箱到电机、电控等皆自己生产，不仅是为了节约成本和提高效率，最根本的还是为了在产业变动颠覆期迅速实现集成创新。

王传福在电池线路上有所调整。与日韩锂电池巨头相比，比亚迪在动力电池专利储备绝对数量、技术分布以及市场占有率等方面还存在一定的差距。数据显示，比亚迪、松下以及LG化学在中国的动力电池专利储备绝对数量分别是537项、667项和592项。按海外媒体*EV Sales Blog*对全球电池生产商的排名，2014年比亚迪在全球锂离子电池市场占有率为6%，排名第四，位居榜首的松下占有率是38%。

不过，作为全球首家拥有从电池到整车完整产业链的企业，比亚迪的优势是：在电池领域中最会造车，在汽车领域中最会制造电池。比亚迪正加快电池布局，新建的深圳坑梓电池基地产能为8000兆瓦·时，是原有惠州基地产能的5倍。王传福一边扩产能，一边在电池材料上谋变，不再一味坚守磷酸铁锂电池。磷酸铁锂理论能量密度大概在160瓦·时/千克，比亚迪的单体电池目前几乎触碰到能量密度的天花板。2015年10月12日上市的宋已首次采取三元材料的镍钴铝酸锂电池。他开始在动力电池上兵分两路：电动大巴和卡车产品将继续使用磷酸铁锂电池，后续的乘用车将替换上能量密度更高的三元电池。

王传福喜欢用数字为新能源战略命名，例如“542”技术战略以及“74”市场战略等。他在城市公交、环卫车、私家车等七大常规领域以及仓储、矿山、机场、港口等四大特殊领域全线开战。他的整合，从电动车延伸到整个新能源领域。按其设想，电动车大规模使用之后，电池的成本将降低，将带动储能的发展。未来一批批电动车报废之后，车上的电池可拆下来循环使用，用于储能，储能电池甚至可接近零成本。虽然太阳能是清洁能源，但一定要解决储能问题，而电池储能则是最先进、效率最高的。“太阳能、储能、电动车”，王传福一次次地讲他的三大梦想。

比亚迪太阳能业务扭亏并于2016年盈利，储能产品已占到美国市场的一半，电动车销量成为全球第一，纯电动大巴开入160多个城市，在全球气候问题日益受到关注的背景下，比亚迪的“公交电动化战略”正被越来越多的国家和地区接纳。而王传福本人，也成为清洁能源和可持续发展在国际上的中国代言人。应联合国秘书长潘基文的邀请，他作为全球唯一一个被邀请的汽车企业代表，出席了2014年联合国气候峰会并发表主题演讲；在2015年年底法国巴黎举行的21届联合国气候变化大会期间，他代表中国企业的绿色科技力量呼吁各国政府采取应对气候变化的政策。堪称新能源界奥斯卡的扎耶德未来能源奖也先后将个人终身成就奖和大企业奖颁给了王传福和比亚迪。

王传福多年来晚上常做的两件事：一是给手机充电，一是给自己的座驾充电。汽车代表着新能源，而手机代表着互联网。他每天重复的这两件事，不知不觉中把他引入了一场新能源的革命，正是许多人所说的“第四次工业革命”。

第二节　三驾马车

IT

“一站式”服务

作为全球领先的二次充电电池制造商和业界领先的ODM（Original Design

Manufacturer，原始设计制造商）及EMS（Electronic Manufacturer Service，专业电子代工服务）供应商，凭借独特的垂直整合模式，比亚迪为全球移动通信终端客户提供包括产品设计、制造、测试、装配及售后等“一站式”服务。主要客户为诺基亚、苹果、三星、华为、HTC、联想、惠普、东芝等全球顶级品牌。

相关链接》

EMS

1. EMS简介

EMS（Electronic Manufacturer Service）或称ECM（Electronic Contract Manufacturing），中文译为专业电子代工服务，或电子专业制造服务，是新兴行业，指为电子产品品牌拥有者提供制造、采购、部分设计以及物流等一系列服务的生产厂商。

现在各种各样的电子产品尤其笔记本电脑、手机等产品，不管是什么品牌，许多都是请专业电子代工服务供应商来代工生产的，名牌们有时只是提供品牌、设计、监控、技术支持。因此可以说这些EMS供应商才是热销产品的幕后英雄。

2. EMS与OEM和ODM的区别

OEM（Original Equipment Manufacturer，原始设备生产商），可简称为代工生产或贴牌生产。这种经营模式在国际上已运作多年并行之有效。为了加大其拥有资源在创新能力方面的配置，尽可能地减少在固定资产方面的投入，企业不直接进行生产，而是通过让别的企业代为生产的方式来完成产品的生产任务。这样，只需支付材料成本费和加工费，而不必承担设备折旧和自建工厂的负担，可随时根据市场变化灵活地按需下单。由此可促进成品业务形成新的经营优势，培养和壮大企业内在的扩张力，提高经营能力和管理水平，从而为更高层次的资本运营创造条件和积累经验。

ODM（Original Design Manufacturer，原始设计制造商），可以为客户提供从产品研发、设计制造到后期维护的全部服务，客户只需向ODM服务商提供产品的功能、性能甚至只需提供产品的构思，ODM服务商就可以将产品从设想变为现实。

相对于传统的OEM或ODM服务仅提供产品设计与代工生产，EMS厂商所提供的是知识与管理的服务，例如物料管理、后勤运输，甚至提供产品维修服务。

其实，在生产的过程中涉及很多过程及环节，EMS就是一个全线的服务，包括产品开发、产品生产，当然也包括产品的采购、产品的品质管理及运输物流。但开始时，是未够能力开始整个过程的，因此主要帮助客人处理加工部分，即所谓的ODM。换言之，ODM比OEM多加了新元素，现在的EMS除了做ODM和OEM所做的事外，更加上物流的部分，甚至有一部分EMS会帮助客户销售。

IT产品及业务

比亚迪 IT 产品及业务主要包括充电电池、塑胶机构件、金属零部件、五金电子产品、手机按键、微电子产品、液晶显示屏模组、光电子产品、柔性电路板、充电器、连接器、不间断电源、直流电源、太阳能产品、手机装饰、手机ODM、手机测试、手机组装业务、笔记本电脑ODM、测试及制造组装业务等。

依托垂直整合平台，比亚迪可为客户将产品成本降低至一般EMS企业的80%，开发周期缩短到欧美企业的1/3。坚持技术创新，使比亚迪在IT及手机零部件方面拥有一系列行业领先的技术，如PMH技术、SBID技术等。比亚迪充分发挥成本、效率和技术优势，真正为客户持续带来有竞争力的产品和服务。

汽车

技术创新的汽车品牌

比亚迪自2003年进军汽车行业以来，坚持技术创新，已快速成长为中国最具创新力的汽车品牌，在整车制造、模具研发、车型开发等方面掌握大量核心技术。汽车产品包括各种燃油轿车、汽车模具、汽车零部件、双模电动车及纯电动汽车等。代表车型包括G6、S6、速锐、思锐等传统精品燃油汽车，以及领先全球的F3DM、秦、唐双模电动车，e6纯电动车及K9纯电动大巴等。另与戴姆勒合作研发的高端电动车腾势也已推向市场。

品牌的DNA

“技术、品质、责任”是比亚迪汽车品牌的DNA。坚持“普世科技”理念，走精品战略与电子化战略发展之路，大力发展科技节能与新能源汽车，立志为全社会带来更节能环保、更安全、更便利、更享受的汽车生活的比亚迪汽车正在推动全球汽车行业的跨越式发展。

比亚迪汽车品牌的DNA

新能源

比亚迪致力于新能源事业，成功推出了太阳能电站、储能电站、电动车、LED照明、电动叉车等绿色产品。未来比亚迪将继续引领全球新能源变革，让更多的国家和人民能够摆脱化石能源带来的环境污染等问题，让科技创新造福人类。

比亚迪新能源发展的5个方面

相关链接

访英团“赚”得漂亮！习大大见证比亚迪拿下6.6亿英镑大单

2015年10月21日，在国家主席习近平访英的暖风下，比亚迪制造的全球首台零排放纯电动双层大巴在英国伦敦兰开斯特宫亮相，比亚迪也同英国客车制造商亚历山大丹尼斯公司（ADL）签署了百亿元项目的合作协议。在习主席及其夫人彭丽媛，英国威廉王子及凯特王妃等中英国家领导人和全球媒体的共同见证下，比亚迪把绿色环保的公共交通带到了伦敦。

作为庆祝习主席访英的活动之一，由英国贸易投资署（UKTI）主办的中英创意产业交流活动2015年10月21日在伦敦兰开斯特宫召开。比亚迪为伦敦专门打造的纯电动双层大巴在兰开斯特宫进行了展示。

在比亚迪集团总裁王传福的陪同下，习近平主席、英国剑桥公爵威廉王子以及凯特王妃一起登上了这台纯电动双层大巴进行参观，共同见证了伦敦知名的红色双层大巴从此之后将会有中国品牌这一历史时刻。

这台纯电动双层大巴可搭载81名乘客；充满一次电，在城市路况下可行驶190英里（约300公里）；充电时间只需4个小时，如果在非用电高峰期充电，更能够有效节约运营成本。在2016年年底之前，5台这种大巴会在伦敦开始为期3年的试运营。

2015年10月21日，在兰开斯特宫，比亚迪还同英国最大的客车制造商ADL正式签署了成立合资公司的协议，开启了中英企业在新能源汽车领域合作的新篇章。该协议金额达到65亿元人民币（6.6亿英镑）。此外，双方还透露了未来他们将在双层大巴等其他车型上开展合作的可能性，合作金额10年内有望增加3倍，扩大至近200亿元。

伦敦目前共有9000台公交大巴，每日运输客量达到650万人次，超过了巴黎和纽约的公交车运输客量总和。在之前，有2台比亚迪12米纯电动单层大巴已经在伦敦服务了近2年的时间，受到了运营商Go-Ahead和乘客的肯定和好评。最近比亚迪又获得了51台单层电动大巴的订单，仍然由Go-Ahead运营。

伦敦51台大巴的订单将成为比亚迪同亚历山大丹尼斯有限公司（ADL）合作的第一个项目。该合作由比亚迪提供动力系统和底盘，ADL制造车身，并在ADL位于苏格兰福尔柯克的工厂进行组装。

比亚迪欧洲公司总经理何一鹏说："今天的盛事证明，电动公交大巴时代已经真正到来。比亚迪拥有如这台双层大巴所展示的可靠的电池技术，而ADL是一个优秀的、经验丰富的大巴制造商。通过此次的强强联合，我们将共同打造出一系列能够满足当地需求的优质产品！"

相关链接 》

就要纯电动！比亚迪e6成巴西出租车、警车新宠

继巴西首个采用比亚迪纯电动出租车的城市坎皮纳斯市后，又一座城市宣布将向纯电动化进军了！卡诺阿斯市是巴西最南部南里奥格兰德州第四大城市，作为在交通领域始终走在技术创新前列的城市，卡诺阿斯市在该州第一个采用纯电动车，旨在为城市交通提供更具可持续发展性与更经济的解决方案。

e6发布当天，卡诺阿斯市在市政府举行了盛大的纯电动车媒体见面会，卡诺阿斯市市长Jairo Jorge先生、市交通局秘书长Oswaldo Steffen先生、市出租车协会主席Sérgio Oliveira先生、比亚迪巴西分公司市场与政府关系总监Adalberto Maluf

先生等嘉宾出席活动。在发布会上，卡诺阿斯市与比亚迪共同签署合作书，比亚迪将首先提供一台e6给卡诺阿斯市做一个为期60天的试运行，这台车将给到该市出租车协会，用于每日载客运营并采集实际运营数据。

采用纯电动车符合该市的可持续发展政策，卡诺阿斯市计划首先将纯电动车引入公共交通服务系统和作为市政府用车。“今天（当地时间2015年10月15日）我们所发布的这台纯电动车，它将不再依赖于化石能源，这样的技术正是我们想要的，纯电动车应首先应用于城市公共交通，如公交大巴和出租车，我们的计划是在卡诺阿斯市实现公共交通电动化，打造城市公交系统100%的可持续发展。”市长Jairo Jorge先生在发布会上表示。

比亚迪巴西分公司市场与政府关系总监Adalberto Maluf先生说道：“出租车司机可以通过5~6年的租赁来使用比亚迪纯电动车e6，其每月分期付款的额度与传统燃油出租车的油费和维修费用相当，e6节省的费用相当于85%～90%的燃油费用，一位出租车司机如果开燃油出租车一个月要花3000雷亚尔（巴西货币）油费的话，开纯电动出租车只需花300雷亚尔的电费，这样节省下来的费用完全可以用来支付每月的租赁费。”

“我对这台纯电动出租车的第一印象非常好。”卡诺阿斯市出租车协会主席S é rgio Oliveira先生表示，“这对我们出租车司机今后的生存来说具有非常重要的意义，因为现在的油价越来越贵，而使用纯电动出租车省下来的钱真的很值。”

卡诺阿斯市是在了解了比亚迪e6在坎皮纳斯市的实际运行情况后，第二个于巴西宣布采用纯电动出租车的城市。2015年5月下旬，坎皮纳斯市正式投放纯电动出租车e6，截至2015年10月15日，其中一台e6的累计行驶里程已接近4万公里，平均每天行驶里程超过250公里。e6在坎皮纳斯不仅被出租车行业看好，连警察局也看上了e6，就在本月，比亚迪刚刚提供了一台纯电动警车给坎皮纳斯市警察局使用。作为拥有300公里超长续航里程的纯电动车，e6就这样在巴西成了电动车界的新宠。

于巴西坎皮纳斯市使用的比亚迪纯电动e6警车

相关链接》》

比亚迪王传福为何看好新能源车

从2015年的销量来看，新能源汽车表现足够出色，2015年新能源汽车的销量约为33.11万辆，与去年同比增长了约340%。从数据来看，新能源汽车前景一片光明。

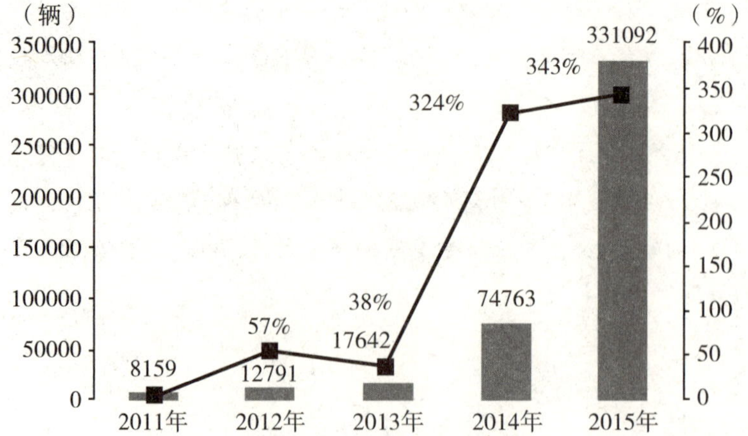

2011—2015年新能源车销量

1. **公交领域推行纯电动车**

众所周知，公交纯电动化是多数地区特别是一、二线大城市新能源推广的重点内容。据不完全统计，截至2015年年底，在所有已发布新能源政策的44个城市中，超过30个城市的政策中包含公交电动化的内容。

为什么国家在公交领域推行纯电动车?

环保效果更加明显。以获得联合国颁发的“城市气候领导奖”的深圳为例，深圳现拥有1200台纯电动公交巴士，每年可节约5000万升燃油，每年减少11万吨二氧化碳排放；现拥有850万台纯电动出租车，每年可节约1200万升燃油，每年减少2.7万吨二氧化碳排放。

一步到位实现节能减排。全国共有120万台出租车，20万台公交车，占全国机动车总量的1.7%，耗油和排放量却占到27%以上。将公交置换成纯电动车，可以一步到位实现零油耗零排放，更好地节能减排。

运营环境适合应用纯电动车。公交大巴在固定线路运营，出租车在城市范围内运营，这样的固定线路和范围，易于充电桩设施布置，从而解决了充电桩配套的问题。

政府拥有较强的话语权。在公交领域，政府拥有较强的话语权，可以有力推动新能源公交和出租车的置换和应用。公交领域走纯电动化线路是最优选择。公交巴士纯电动化已经是全世界大部分城市的共识。

2. **私家车领域推行插电式混动车（纯电为辅）**

国外各大车企都通过PHEV抢占市场

国外各大车企都通过PHEV抢占市场，主流车企都有插电式混动车型，与纯电动车型比例达到了8：1。以大众汽车为例，在2018年，大众PHEV将全面进入中国。其中，推出大众e-up和大众e-Golf 2款纯电动车，另外还将推出包括奥迪A3 e-tron等在内的10款插电式混合动力车型。

为什么私家新能源车以插电式混动为主？

原因主要在以下两个方面：其一，在中国、美国及欧洲国家，90%的私家车日均行驶里程≤50公里。只要新能源车的纯电续航在50公里以上，就可以满足绝大部分用户的日常用车需求。其二，车主节假日有自驾游需要，要求私家新能源汽车要兼顾长途出行的功能。所以说，插电式混合动力汽车是目前私家车的最优选择。

插电式混合动力汽车比亚迪秦

以比亚迪主推的插电式混合动力汽车秦和唐为例。比亚迪秦1～12月累计销量近3.2万台，蝉联新能源车年度销量冠军；比亚迪唐自2015年6月份上市以来，销量稳步提升，2015年12月获新能源车单月销量冠军，屡获多地上牌量第一。从这样的表现来看，私家车消费者也更倾向于选择插电式混动的车型。

电动车三个模块

毫无疑问，比亚迪大力发展新能源车技术，抓住了国家对于“公交领域和私家车领域各有侧重，相互带动，协同发展”的方向。

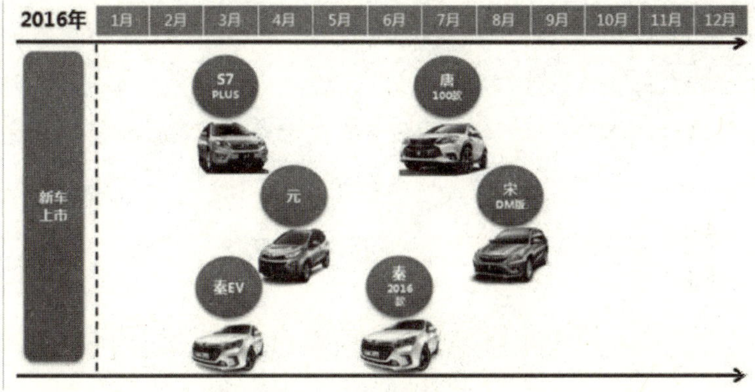

2016年车型上市规划

比亚迪在2016年上市了多款新车和多款新能源产品，表明了比亚迪对于市场的努力。其中，2016年3月左右推出S7 PLUS，秦EV；4月推出比亚迪元；6月推出2016款秦；8月推出宋DM版。

3. 走出新能源汽车使用误区

误区1：电动车电池电量不足？

事实上，标称电量≠实际可使用电量，而电表显示充电电量≠实际充电电量；另外，不同的驾驶习惯会影响电池耗电量，温度会影响电池的性能及电量；最后，应当正确看待电池电量的正常衰减。

误区2：电动车电池寿命让人担心？

从续航里程来看，超过50万公里的e6出租车续航里程仍能超过250公里，保持约84%的容量。从电池寿命来看，电池寿命大于整车寿命，15年后仍能保持约70%的容量。从电池质保来看，整车质保6年或15万公里，电芯终身质保。

误区3：电动车电池安全存在隐患？

比亚迪的e6纯电动车不仅通过了国家相关检测机构的整车碰撞安全、系统电安全、电池安全等试验，而且还按照美国FMVSS标准、美国US-NCAP以及美国保险协会IHSS试验工况进行了验证，同时满足ECE R100的要求。

随着中国车市发展阶段的变化，市场的变化除了自身的导向作用外，也会受到来自宏观调控和世界经济发展方向的影响。从目前来看，新能源产品更是属于中国国家级战略，对汽车行业影响巨大。在经历了潜心发展阶段后，比亚迪积累了大量的技术，产业也进行了高度的整合，技术达到高度的集成。

2015年，连续几个月比亚迪的新能源产品赶超日、德、美等国的传统汽车巨头，登上全球新能源汽车行业霸主地位，全球市场份额攀升至10%。掌握核心技术不断推陈出新，把握市场不断做大做强，这就是比亚迪的坚持——看好做好新能源汽车。

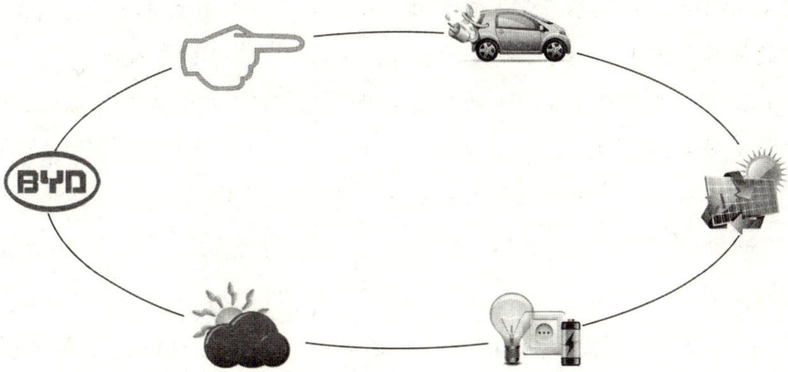

第二章
比亚迪是怎样诞生的

导言：

在众多自主品牌中，比亚迪可谓是一个特立独行的后起之秀。而在业内人士的眼中，它则是一个另类而强有力的竞争对手。那么，比亚迪是如何诞生的呢？

第一节　社会环境

为什么是深圳

深圳，别称鹏城，广东省辖市，地处广东省南部，珠江三角洲东岸，与香港仅一水之隔，东临大亚湾和大鹏湾，西濒珠江口和伶仃洋，南隔深圳河与香港相连，北部与东莞、惠州接壤。

深圳是中国改革开放建立的第一个经济特区，是中国改革开放的窗口，已发展为有一定影响力的国际化城市，创造了举世瞩目的“深圳速度”，同时享有“设计之都”“钢琴之城”“创客之城”等美誉。

深圳政府

比亚迪的成功与深圳政府层面的推动不无关系，政府为比亚迪提供了很好的发展环境，并推动了整条产业链的发展。王传福坦言：“没有深圳就没有比亚迪。在这片创新创业的土壤上，培养了很多优秀企业，也培养了比亚迪。”

在深圳创业20多年，王传福自称是一个“老深圳”。“我的户口是深圳的，我的家人在深圳，我的事业也在深圳，我是一个地道的深圳人。”

政策发展

1995年是深圳发展关键的一年，这一年，深圳的政策发展如下图所示。

1995年

1月4日	《深圳市"九五"及2010年工业主导产业发展规划纲要》通过。确定计算机及其软件、通信等7个重点产业为主导产业
2月25日	《深圳经济特区私营企业发展暂行规定》通过。这是全国第一部为私营企业的发展创造公平竞争环境的政府规章
3月15日	深圳市实施户籍制度改革，引入蓝印户口管理形式，布吉镇被确定为改革试点
4月25～28日	中共深圳市第二次代表大会召开
5月30日	总面积达123万平方米的深圳市高新技术工业村破土动工
6月26日	《深圳市民行为道德规范》公布
10月12日	国内第一家城市合作商业银行——深圳城市合作商业银行成立
12月29日	深圳市口岸管理委员会成立

1995年深圳政策发展

相关链接》》

比亚迪董事长王传福：没有深圳就没有比亚迪

比亚迪掌舵人的经历堪称传奇。作为一名普通农家子弟，26岁时他就成为高级工程师、副教授，1995年辞职创立了比亚迪，短短几年比亚迪就发展为全国第一、全球第二的二次电池制造商。2008年“股神”巴菲特注资比亚迪，1年后王传福便以350亿元的资产登上了中国首富的宝座。

如今，“王传福”这个名字注定要写进中国汽车的发展史。今天的比亚迪，占据了中国新能源汽车市场30%以上的份额，足迹遍布五大洲36个国家和地区，超过150个城市，力挫日、德、美等国的传统汽车巨头，连续3个月成为全球同类型车月度销量榜首，让来自中国的“绿色旋风”席卷全球。几代人为之努力奋斗的“汽车强国梦”，正在逐步实现。

“狂人”屡屡上演惊人之举

在外界看来，王传福并不是一个按常理出牌的人物，“疯狂”“大胆”“激进”等标签常常被贴在他身上。

1990年，王传福硕士毕业后，在北京有色金属研究总院301室工作。2年后，26岁的他被破格提拔为301室副主任。1993年，该研究院在深圳成立比格电池有限公司，由于与王传福的研究领域密切相关，他被任命为公司总经理，其时王传福年仅27岁。

如此年轻，如此锋芒毕露，着实让人羡慕。但这一成就并不能安抚王传福的“野心”。1年后，他做出了第一个疯狂的举动——辞职下海创业。

1995年，刚下海的王传福，商业嗅觉灵敏，在“大哥大”、BP机风行的年代，他感知到了后备电池的庞大市场。于是，在获得了一笔250万元的投资后，他立刻成立了比亚迪科技有限公司，正式进军镍铬电池领域。凭借勤奋钻研和自身的技术积累，短短几年，他便将比亚迪发展成全国第一、全球第二的二次电池制造商。

王传福的第二个疯狂之举发生在2003年。在一片反对声中，他宣布收购秦川汽车制造厂，正式涉足汽车产业。当时这个举动“伤透了”股东的心，股价顿时从18港元急跌到9港元。

2006年，伴随着各方质疑，比亚迪首款F3轿车开启全国轮回上市之旅。较明显的性价比优势，使F3一上市即被追捧。这次，“狂人”又赢了。

2年后，刚刚在汽车行业站稳脚跟的王传福，再次做出惊人之举——进军新能源汽车领域。当时，中国汽车产业正处在爆发期，燃油车这块巨大蛋糕让绝大部分车商对新能源汽车丝毫不感兴趣。在2008年的北京车展上，比亚迪首款电动车F3e作为全场唯一一台电动车展出，受到各大车商及媒体的嘲笑。如今，新能源车已然成为汽车产业发展趋势。在2015年上海车展和深港澳车展上，比亚迪展台全部被新能源汽车占据。当然，再也没有同行和媒体质疑了。“狂人”赢得了满堂喝彩。

王传福说，这些举动并不疯狂。“我其实胆子不大，只是看中技术，根据技术制定了比别人更长远的战略。”他告诉记者，比亚迪首款电动车上市前的七八年，关于电动车的研究就开始了。“坚定技术，就是坚定战略方向。”

没有深圳就没有比亚迪

在深圳创业20年，王传福自称是一个“老深圳”。“我的户口是深圳的，我的家人在深圳，我的事业也在深圳，我是一个地道的深圳人。”作为市政协委员，王传福时常关注民生话题，为普通市民发声。

而比亚迪和深圳的关系更是密不可分。“没有深圳就没有比亚迪。在这片创新创业的土壤上，培养了很多优秀企业，也培养了比亚迪。”王传福坦言，比亚迪的成功与深圳政府层面的推动不无关系，政府为比亚迪提供了很好的发展环境，并推动了整条产业链的发展。比如，在2014年限购政策中，从10万个指标中腾出2万个指标给新能源车，这相当于给比亚迪开了“绿灯”；此外，最近规定市民在购买一辆燃油车后还可再买一辆电动车，反之亦然。“这些政策倾斜，加之大量的电动大巴、电动出租车、电动环卫车的订单，比亚迪新能源汽车就有了强大支持。”

据王传福介绍，比亚迪除了在深圳坪山的总部外，在葵涌、宝龙片区及惠州、韶关等地都设有事业部和生产基地。“比亚迪将继续坚持技术优先，利用深圳总部的区域优势，精耕细作。”

一方面，传统汽车行业销量逐步下滑；另一方面，节能减排是每一座城市的追求。比亚迪抓住了其中机遇。“我们确实非常感恩，也非常珍视这样的机遇，希望可以迎接更大的挑战。”王传福说。

“在深圳这座创新型城市，我们会用责任和庞大的技术储备，将企业打造成为一个有责任、有梦想的企业。”王传福满怀信心地说。

一个虔诚的“绿色造梦者”

比亚迪的标识是BYD，英文全称为Build Your Dreams，意味着成就你的梦想。20年过去了，王传福认为自己依旧在追逐梦想的路上。

早上8时前准时到达公司，不停地开会、下车间、见客户、试产品……比亚迪总裁办的工作人员告诉记者，王传福是一个不折不扣的“工作狂人”。“有时候我们放假，他都没放假。每天都要开很多会，见很多人，有时连吃饭的时间都没有。”

这个“工作狂人”坦言，在传统汽车业务下滑的时候，确实产生过一定的焦虑。“过去3年的转型期，我们遇到了很多困难和质疑。”他说，在这种情况下，保障员工的权益并非易事。“比亚迪有18万名员工，一个月工资就要发掉9亿元，相当于每天一开门就要花掉3000万元。18万个家庭，我得为他们负责。”

事实上，比亚迪近几年经历的电动车e6起火、股价暴跌、双模车被质疑等事件，确实让王传福多次陷入舆论旋涡。回忆起3年前比亚迪e6被撞起火这一事件，他戏称：“当时真的是躺着也中枪。”但是，他反倒认为这是对比亚迪的一种磨炼，管理团队通过这种锻炼会越来越好。这个变化在2014年年底的股价暴跌中得到体现，管理团队当天下午就紧急召开电话会议，即刻发布澄清公告，用最短时间巩固了投资者的信心。

“我们的梦想很简单，就是让人类真正生活在一个可持续和环保的环境中。”王传福说，新能源汽车、储能电站和太阳能开发是比亚迪目前的三大梦想。2008年12月15日，比亚迪把握全球能源变革的先机，推出了全球第一款不依赖专业充电站的双模电动车——比亚迪F3DM，实现了中国汽车企业在新能源汽车行业零的突破。2013年12月，比亚迪第二代双模电动车比亚迪秦创下行业新纪录，自推出到现在，连续19个月问鼎中国新能源汽车的销量冠军。

2015年上海车展，比亚迪对外公布了“7+4”战略，目前，比亚迪已成为拥有插电式混动和纯电动技术、横跨多个领域的新能源汽车巨头。

相关链接 》》

比亚迪：借政策东风以技术报国

今天（2014年8月7日）很高兴有机会来到这个很不一样的地方——韶山，我们伟大领袖毛主席的诞生地。

我们做新能源做得比较早，有一些感受，今天（2014年8月7日）借这个机会跟大家分享一下。

比亚迪是以产业报国的梦想，或者说是以技术报国的梦想走出来的。比亚迪一直认为，中国人不笨也不懒，不应该是今天这个样子，当然，这里我说的今天应该是20年前。1995年比亚迪就下海，我从北京研究总院来到深圳创建了比亚迪。通过工程师和一些技术，做了一些产品，制造出电池、手机，慢慢成长起来了。

当时蛮成功的，但与梦想还是有距离。2007年的时候，中国的手机产量成为全球第一，在早期的时候，我们中国的自行车产量成为全球第一，中国的棉花产量成为全球第一，老外都不屑一顾。当中国的手机产量成为全球第一的时候，我们就想到，中国的汽车产量也一定会成为全球第一。果然，汽车产量很快成为全球第一，今天中国生产的汽车已经达到2200万辆，相当于全球汽车产量的差不多1/4，是美国的近2倍。

接下来大家想一想，问题出来了。汽车使我们的生活得到了大大的改善，但也带来了很多的问题，带来了社会资源的问题，带来了环境的问题，也带来了拥堵的问题，等等。（对一个企业家、工程师来说，这些问题蕴涵着技术创新的机遇又蕴涵着商业的创新机会。）我们从2000年的时候就开始酝酿，未来会有一场大的机遇。大家都看到了，最近3个月，清泰主任最有感受，国家密集出台了一系列的政策、文件。我们认为是当今全球最系统、最全面的文件。从购置税的减免到《国务院关于大力推进大众创业万众创新若干政策措施的意见》（以下简称《意见》）。感谢清泰主任，《意见》里面的内容很多都是清泰主任从早期到现在，慢慢形成的文件体系。8年前比亚迪投资的时候，我们的股东都抱怨比亚迪在烧钱，那时候确实看不到电动车的未来，但是电动车的投资是巨大的，包括电池、电机、电控。当然，我们今天再去看的话，会发现当时的选择是正确的。其实，我们当时就估计，中国企业一旦成为全球汽车制造商的时候，国家的战略就要有变化，我们没那么多油，也没那么多环境资源来消化大量的汽车尾气。

你想我们一辆汽车用2吨油，如果这么涨下去的话我们要耗多少油，2200万辆车，一年耗4400万吨油，一年进口1.6亿吨油，光汽车就用油这么多，而且还在增长。美国的前总统克林顿在四五年前讲了一句话，让我印象很深刻，他说，中国一个家庭一辆轿车的话，世界人民也不答应。开玩笑地说，当中国人一个人一辆轿车，像美国一样的时候，地球也不答应。实际上这是玩笑话，让我们分析一下，中国现在有4亿个家庭，我们现在的轿车的保有量加起来为1.3亿辆，真正的家庭的轿车有7000万辆，离一个家庭一辆轿车还有距离。四五年前汽车进入家庭是梦想，今天（2014年8月7日），汽车进入每个家庭已不是梦想，三五年时间就实现了，城市有的家庭已经不是一辆车了，已经是第二辆车了。假如一个家庭一辆轿车的话，加上6000万～7000万辆其他的机动车，合起来就是5亿辆车，我们要买油的话，世界人民是不答应的。这个5亿辆车的保有量，跟今天全世界的汽车保有量相当，要耗很多油，油价上升1倍就是正常的事，因此克林顿说世界人民不答应，是有道理的。

如果我们13亿人民都像美国人一样一个人一辆轿车的话，就是13亿辆轿车，26吨油。你说地球受得了吗？地球受不了，就这么一个简单的算法。中国未来比任何一个国家都具有紧迫性！做什么？做电动车。再加上我们去年（2013年）北京的一场大雾，让这次三中全会多了两个热词，一个是革命，一个是雾霾。环境问题在中国已经从次要矛盾上升为主要矛盾，主要矛盾是什么意思？主要矛盾就是政治问题了。一个环境，加一个能源安全，这两个就促成政府把新能源汽车，变成国家战略。我们习总书记在上海视察汽车的时候，提出中国迈向汽车强国的必由之路就是发展新能源汽车，中国发展新能源汽车是全球最紧迫的。就这一席话才促成比亚迪从2003年开始，花巨资投资电池、电机、电控。而且我们还认为，国家一系列的政策后面还有更好的更多的一些利好。而且，随着国家战略层面的教育执行下去以后，全国各级政府一旦响应的话，可能带来的传导效应会更大。像购置税的减免，2010年的时候，中国汽车连续几年实现20%～40%的增长率的时候，当时国家出了购置税减免50%的政策，一个政策就把汽车市场引爆了。今天说的购置税减免3年是全减，带来的不只是1万元的问题，是国家的信号，买新能源汽车，是国家战略。因为未来的商机、影响力远远不是一两万元的问题。

当然，中科招商的单总也很有眼光，在几个月前，我们高度一致认为未来3～10年是中国新能源车发展的爆发期，必将引爆一个大的产业。

大家回忆一下，4年前（2010年，下同）说电子商务，4年前马云到很多地方，很多地方都不要他。但电子商务的发展很快。大家知道电子商务完全是商业行为，今天的新能源车不一样，虽然是商业行为，但是国家几乎用了举国之力来推动新能源车的发展，新能源车的成长。因此，我们预估这个市场必然会有一个非常大的爆炸式的增长。

当然，我们在市场里面做了重点的选择，我们把公共交通纯电动化，私家车双模化。按照这么两个计划来走，公共交通的话，仅仅是大巴出租车，大家知道市场有多大？全国有大巴50万辆，不包括旅游大巴，是公交大巴，光这两块就有1.3万亿元，仅仅是车辆，不包括充电，不包括其他的服务。1.3万亿元仅仅是车辆的更换。再加上旅游大巴、物流车、垃圾车、矿山用车、各种专用车，这个市场加起来是五六万亿元以上。一旦引爆的话，市场比任何一个看得见的市场都大，而且这个市场是利国利民的，功在当代利在千秋。

我们有一个很深刻的印象，我们的大巴到了巴西的时候，当地的市长抓着大巴就要去看，亲自开大巴，把我们吓了一跳，万一要有安全问题怎么办，他一定要亲自开。实际上他就是为了选票，让大家拍照，大巴给他带来很多选票。比亚迪的电动大巴现在在全球48个城市成功地运行。每到之处几乎都是当地的市长、那个国家的交通部长给我们站队，我们在哥本哈根上市的第一天，哥本哈根市市长和丹麦交通部部长亲自来帮我们推广产品。他们是为自己所用，我们当然是卖产品，他们是通过我们的产品增加政府的可信度，增加他们的选票，他们也知道，一辆出租车一年拉2万名市民，一辆大巴一年拉25万名市民。对政治家来说这就是选票。对比亚迪来说，我们只是通过我们的技术，通过我们的产品，去实现政治家的梦想，从而实现人类的梦想，这就是我们要做的。我们也感到很幸运，没有一个产品像电动大巴一样，受到全球政治家的关注，当然，我们这个产品本身能够实现政治家的梦想。我们到了欧洲，到了英国伦敦，到了荷兰，到了匈牙利布达佩斯，每到一个地方都受到热烈的欢迎。

另外，传统车的效率和电动车的效率差别很大，一个是5%的效率，一个是90%的效率，中间差85%的效率，或者说一个是1升油的关系，一个是3度电的关系，1升油7.5元，3度电1.8元。你希望用的是1升油7.5元，还是3度电1.8元。我们抛开产品，因为产品太复杂了，又是公交车、出租车、环卫车、物流车、渣土车、矿车、电动叉车，你们就记住1升油和3度电。我们的目标就是要以3度电代替1升油，或者用1.8元做和7.5元同样的活，对国家省了油，对企业省了钱。通过这几年的储备，我们在深圳已经拥有了一系列的运行经验，包括大巴的运行经验，出租车的运行经验和私家车的运行经验，未来把这些产品推广到更宽的领域，然后把这个电动化再推广到高速公路，就是真正靠你的利益来驱动，高速公路再到特定的矿区、机场、港口、仓库，这样产品的范围就变得更宽，以实现真正的梦想。

今天（2014年8月7日）中科招商主办开这个会，也是想使新的机遇、新的能源、新的城市，通过基金、通过金融，实现更大的产业机会。当然，这个背后包括各种领域从制造、使用到销售、售后加网络以及各种充电等一系列的机会。

比亚迪未来将继续坚持技术创新，加强品牌建设，为中国新能源产业发展做出贡献。

各位朋友，中国新能源产业三基工程工作会议意义重大，也为部分新能源产业的发展搭建了高水平的资源对接的平台，我们相信政、企、媒、投多方合力必将推动中国新能源产业的健康快速发展，早日还子孙后代一片绿水青山。再次感谢大家对比亚迪的关注和支持，预祝中国新能源产业三基工程工作会议圆满成功，谢谢！

第二节　比亚迪的诞生

王传福创业

在有了一定的企业经营和电池生产的实际经验后，王传福发现，随着手提电话的发展，对充电电池的需求会与日俱增，作为自己研究领域之一的电池面临着巨大的投资机会。在他看来，技术不是什么问题，只要能够上规模，就能做出大事业。

比亚迪诞生

1995年2月，王传福毅然决定下海经商，在深圳注册了比亚迪实业，并逐步取代日本电池企业的垄断地位，成为第一流的电池生产商。

在镍镉电池领域站稳脚跟之后，王传福紧接着抓住了第二次机会，开始研发蓄电池市场具有核心技术的产品镍氢电池和锂离子电池。为此，王传福投入了大量资金，购买最先进的设备，搜索最前沿的人才，并建立了中央研究部。当时锂离子电池行业是日本人的天下，国内同行不相信比亚迪能成功，据说王传福当时在业内受到了嘲笑，但他相信这是机会。

比亚迪的荣誉

比亚迪所获荣誉如下图所示。

1997年	广东省民营企业质量工作先进单位
2000年	“AAA”资信等级
2002年	2001年度深圳市工商领域百强企业
	中国优秀民营科技企业
2003年	实施火炬计划15周年、火炬计划优秀高新技术企业
2004年	2004民营上市公司10强（第8位）
	比亚迪股份有限公司生产的BYD牌锂离子充电电池成为中国名牌产品

- 2005年
  - 新车大奖、最佳人气奖、最值得期待车型
  - 2005年中国科技100强（第4位）
  - 2005年度自主品牌年度新锐大奖
  - 满意度车型的“性价比”桂冠
  - 《CCTV2005创新盛典》自主创新奖
  - 2005年中国年度汽车总评榜最佳性价比轿车大奖
  - 重庆地区最受消费者欢迎中级车
- 2006年
  - 2006年（第20届）中国电子信息百强企业（第31位）
  - 《环球企业家》杂志最具全球竞争力中国公司50强
- 2007年
  - 2007年全球华商企业500强（第389位）
  - 2007年全球华商高科技500强（第14位）
  - 2007年中国企业500强（第292位）
  - 2007年中国制造业企业500强（第156位）
- 2008年
  - 2008年超级汽车年度微型轿车
  - 国家级高新技术企业
- 2009年
  - CCTV中国年度经济人物奖
  - 深圳生活大奖
  - 最佳可持续发展年度企业
  - 年度自主品牌

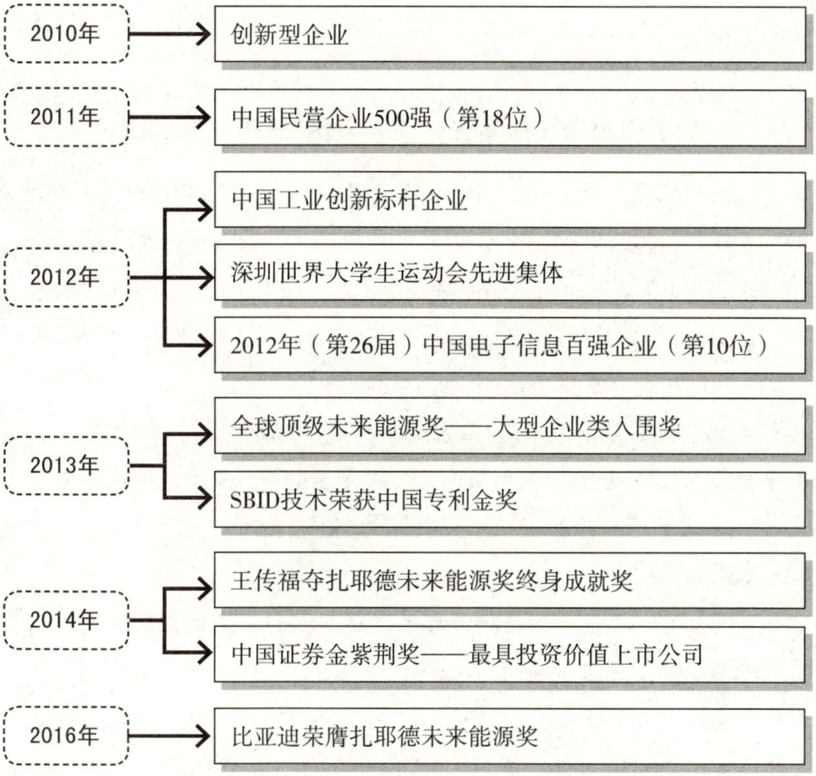

比亚迪所获荣誉

巴菲特入股比亚迪

2008年9月27日，美国著名投资者“股神”沃伦·巴菲特的投资旗舰——伯克希尔·哈撒韦公司旗下附属公司中美能源控股公司（现为伯克希尔·哈撒韦能源），宣布以每股8港元的价格认购比亚迪2.25亿股股份。

巴菲特的入股给比亚迪及其股东带来了新的希望。

相关链接 》》

巴菲特投资比亚迪又成经典案例 一年狂赚500%

东边不亮西边亮。尽管手机和电池业务因金融风暴而受损严重，但凭借着汽车业务收入飙升，比亚迪股份有限公司还是交出了一份亮丽的半年报。

2009年8月31日，比亚迪发布的2009年上半年财报显示，2009年上半年收入161.32亿元，同比增长30%，实现净利润11.78亿元，同比增长98%。而这一业绩背后，“股神”巴菲特正在偷着乐。

其中，比亚迪汽车业务的营业额比2008年同期增长133%，至88.77亿元，占比亚迪总收入比重由2008年年底的32%飙升至55%，而其上半年除税前溢利为12.79亿元，占比亚迪股份除税前溢利总额的88%，成功超越手机业务，成为比亚迪的第一大业务。

“今年（2009年）上半年集团汽车整体销量超过18万辆，同比大幅增长约1.5倍。其中F3还成功打入上半年轿车品牌销售前5名。”比亚迪股份董事会主席王传福昨日在香港记者会上表示，比亚迪汽车今年销量将超过40万辆，并已向政府及企业等出售100辆F3DM电动车，于9月份开始向个人用户销售。

巴菲特获利

亮丽的半年报也让巴菲特赚了个盆满钵满。

2009年9月，巴菲特斥资18亿港元以每股8港元的价格认购了2.25亿股比亚迪股份，占比亚迪股份约10%的股权。该交易于2009年7月正式获中国证监会批准。

2009年8月31日，比亚迪股份收盘48.6港元，股价当日上涨8%。按此计算，巴菲特所持有的股份账面获利逾91亿港元，增长超过500%。

“中美能源一直都希望能增持比亚迪，主要是因为它看好公司在新能源上的发展前景，但我们正在研究中。”王传福2009年8月31日在香港记者会上表示，比亚迪汽车进军美国市场的进展亦加快，于2010年在美国推出e6型号的电动车，较原来计划提早一年。据悉，比亚迪e6型号电动车为目前世界上续航里程最长的纯电动车，续航里程超过400公里。

王传福透露，包括德国大众汽车在内的国内外汽车制造商，正与公司洽商采购汽车电池。至于比亚迪股份有意回归A股市场上市，虽然现时未定出具体时间表，但可能在明年进行。

成本之痛

基于手机和电池市场的恶劣环境，缩减成本开支变得更为重要。

财报显示，截至2009年6月30日，比亚迪股份员工总数为12万人左右，员工成本总额占公司营业额的11%左右。而2008年年底，比亚迪员工总数为13万人左右，员工成本总额占公司营业额的14%左右。按照以上数字计算，比亚迪股份今年上半年的裁员幅度在1万人左右。

而比亚迪旗下的比亚迪电子2009年8月31日发布的半年报也显示，截至6月30日，比亚迪电子员工总数为3.5万人，相比2008年年底的3.9万人减少了4000人。

比亚迪股份电池业务有关负责人表示，由于生产线自动化程度加强，电池业务2009年上半年也裁减了一部分员工。

尽管裁员让比亚迪股份成本开支有所减少，但相比竞争对手富士康国际，其经营压力依然沉重。

比亚迪电子的财报显示，其员工成本总额占公司营业额的13%，对比2008年同期比亚迪电子的财报，比亚迪电子的员工人均成本还是上升了11.9%。相反，富士康国际员工人均成本比去年同期下降了23.2%。

其中的关键就在于，富士康国际正在将深圳的生产工厂转移到河北廊坊，而比亚迪电子的生产基地在深圳。2008年深圳市最低工资标准从750元增长到900元，廊坊开发区的最低工资标准为750元。

“可以预见，富士康与比亚迪之间的竞争会越来越激烈。”深圳一家国产手机高层表示，由于金融风暴，全球手机市场格局已经发生变化，中国手机在国内和海外市场均成功突破了国际手机巨头的封锁，全球市场份额接近四成，其中华为和中兴目前的全球市场排名可能已经到第五或第六，而有“蚂蚁雄兵”之称的中国手机军团也在全面蚕食国际手机巨头的份额。

2008年下半年，在国内手机市场排名第一的天宇朗通的手机代工业务也从比亚迪电子改移到富士康国际。上述国产手机高层表示，比亚迪电子和富士康国际不仅在国际品牌厂家客户上的竞争加剧，在争夺国内厂商客户上也不遗余力。

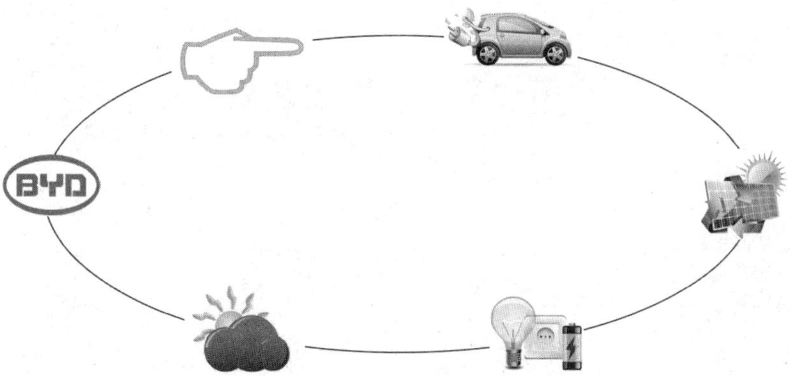

第三章
比亚迪走过的不寻常路

导言：

从王传福创立比亚迪到其成为“电池大王”，到比亚迪进入汽车市场，再到进军新能源，比亚迪十几年的发展史不可谓不精彩，比亚迪给全国乃至全世界人民上了自主创新的一课。

第一节　比亚迪转型

进入汽车市场

2003年，在一片反对声中，王传福宣布收购秦川汽车制造厂，成立比亚迪汽车，正式涉足汽车产业。当时因这个举动，比亚迪股价从18港元急跌到9港元。

2006年，伴随着各方质疑，比亚迪首款F3轿车开启全国逐步上市之旅。较明显的性价比优势，使F3一上市即被追捧，也证明了进军汽车市场是正确的。

相关链接 》》

2016年2月比亚迪最畅销轿车车型：F3 销量3228辆

据大数据库显示：2016年2月，汽车产销比上个月明显下降，比上年同期略有下降。2016年2月，乘用车销量为137.67万辆，环比下降38.45%，同比下降1.53%。其中，2月基本型乘用车（轿车）销量为66.69万辆，环比下降39.98%，同比下降17.58%。

2016年2月比亚迪销量为7682辆，环比下跌64.5%，同比下跌68.98%；1～2月累计销量为29323辆。依此来看，比亚迪畅销轿车车型销量情况为：F3销量为3228辆、速锐销量为1253辆、e6电动车销量为1105辆、秦插电式混合动力版销量为1063辆。

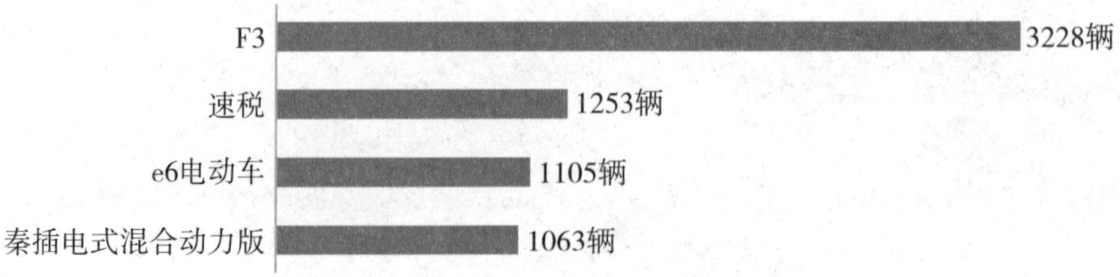

2016年2月比亚迪轿车分车型销量情况

F3以销量3228辆成为2月比亚迪最畅销轿车车型，其中F3三厢1.5L最畅销。

比亚迪F3

比亚迪F3定位为A+级轿车，整车尺寸长、宽、高分别为4533mm、1705mm、1490mm，轴距为2600mm。外观方面，比亚迪F3整车设计时尚大气，线条动感流畅，车身的镀铬装饰条更显档次。内饰方面，F3整体设计风格简洁大方，浅色内饰颜色清新，配置全面丰富，拥有高配车型的真皮座椅、倒车雷达等。

动力方面，1.5升自然吸气发动机匹配5速手动变速器，最大功率为80/5800kW/rpm；最大扭矩为145/4800Nm/rpm。

进军新能源汽车领域

2008年，刚刚在汽车行业站稳脚跟的王传福，再次做出惊人之举——进军新能源汽车领域。当时，中国汽车产业正处在爆发期，燃油车的巨大利润空间让绝大部分车商对新能源汽车丝毫不感兴趣。

首款电动车

在2008年的北京车展上，比亚迪首款电动车F3E作为全场唯一的电动车展出，受到各大车商及媒体的嘲笑。据当时披露的数字，F3E纯电动车续航能力达300公里（40公里/时匀速状态下的理想值），最高时速为150公里/时。

2007年，比亚迪已经在探讨充电站建设方案，在深圳已建立了3个充电站试点。当时，比亚迪汽车销售公司总经理夏治冰曾表示，F3E纯电动车在3年内可实现商业化生产，而价格将控制在15万元以内。

但2008年12月，F3DM率先上市，F3E最终被比亚迪舍弃，原因就是配套环境问题。对纯电动车来说，在社会配套基础设施完善之前，并不具备大规模对私人消费者推广的可能。

相关链接 》》

F3E、充电站轮番上场，比亚迪领军中国环保汽车产业

比亚迪汽车销售公司副总经理孙旭透露，比亚迪在电动汽车的自主研发方面投入巨资，在上海建立的汽车研发中心承担起电动汽车和新款轿车的研发任务。现在，首款电动汽车——F3E已经秘密研制成功，计划3～5年实现产业化，年产量目标为5万辆。

比亚迪同时在上海研发中心建成了国内第一个电动汽车充电站。据了解，电动汽车充电站内设有4台充电柜，采用数字显示和触摸屏智能控制充电，同时充电柜拥有充电刷卡、收费打印等功能。孙旭表示，充电站建设是电动汽车产业化过程中的重要环节，也是需要国家政策支持的一个项目，充电站的建成为比亚迪电动汽车的产业化和充电站的商业化运作提供了良好铺垫。

第二节　比亚迪的战略

“542”战略

什么是“542”战略

王传福说：“‘542’战略能让产品的性能获得颠覆性的提升，从而打动消费者。”

2014年4月，比亚迪曾发布针对未来新能源汽车产品的“542”战略，其中“5”代表0～100公里/时加速时间控制在5秒以内，“4”代表电四驱，“2”代表百公里油耗2升以内。在未来，比亚迪旗下的大部分插电式混合动力车型都将按照“542”这一标准去打造。已经上市的唐，还有宋与元双模车均是“542”战略下的全新产品，各项性能指标均将达到这三项性能标准。

“542”战略含义

“542”战略的意义

关于“542”战略，王传福说：“‘542’战略代表了比亚迪对新能源车的一些理解，并以产品性能和数字来规划我们未来的产品。”对于此战略的意义，王传福补充道：“因为本身双模车是由电动机+燃油发动机组成，所以在性能方面具有一定的优势，因此我们要做的是超级性能车，性能相比传统车实现100%以上，甚至300%的提升。这种颠覆的东西，才能打动消费者的心，并让他产生购买的欲望，同时我们的双模车还具有节能环保的特点。”

凭借插电式混合动力的技术优势，比亚迪未来的双模电动车将在加速性能和油耗方面超越不少同级别合资品牌对手，同时，这类车型还能够享受国家的相关补贴政策，通过这一战略从而逐步实现“弯道超车”的发展目标。

相关链接》》

比亚迪唐云南版6月23日强势登临

2015年6月23日，比亚迪唐云南版于昆明正式上市。据悉，此次上市的2款车型分别为全时四驱豪华型和全时四驱尊贵型，云南地区售价（补贴后）分别为1.98万元和22.98万元。比亚迪唐作为全球首款三擎四驱双模SUV，自在深圳上市以来订单火爆，为满足广大消费者需求，特别推出2款车型强势登临云南。

比亚迪唐云南售价表（2015）

车型	云南地区补贴后售价（万元）
全时四驱豪华型	21.98
全时四驱尊贵型	22.98

比亚迪唐云南发布会现场

极速电四驱 颠覆式创新

比亚迪唐搭载了极速电四驱技术，具有“三擎动力、高效节能、极速响应”的优势。“三擎动力”即2.0TI发动机与前、后驱动电机，三种力量相结合，在混动模式下，可输出371千瓦的总功率，820牛·米的总扭矩。同时，唐的三擎分布实现了前后独立扭矩分配，使得车辆脱困性能更高，越野性能更强。极速电四驱能够实现“极速响应”，20毫秒的控制响应时间是机械四驱（200毫秒）的1/10！比亚迪唐重新定义了SUV的速度、安全和越野性能。

移动电站 出行新时代

比亚迪唐不仅拥有顶级SUV的性能表现，其搭载的移动电站技术也带来了全新的SUV体验。比亚迪唐充分利用自身电池优势，通过技术创新实现车外220伏交流放电功能。放电电压为220伏，最大带载能力为3.3千伏·安，可为电磁炉、电冰箱等家用电器及冲击钻等电动工具供电，郊外露营与户外作业均可，满足多种使用需求。当电池电量较低且车辆处于P挡状态时，车辆智能控制发动机向电池进行充电，满足车辆对外放电需求，延长外部用电器使用时间。驾驶唐畅行在美丽的云南，享受大自然的同时，我们也能享受到电带来的方便，从此，野外烧烤变得更安全，出行饮食可以更健康，行走身心还能更愉悦。

内外兼修 尊享品位生活

外观上，唐采用全新设计理念，无论是黑色“蜂窝”进气格栅加大嘴式下格栅，还是尾部C型流线尾灯，尽显张扬霸气、野性动感。

比亚迪唐外观

内饰上，为全系标配软内饰，包裹式棕色皮座椅、桃木高档装饰面板、“三炮筒”空调出风口，质感尽在其中。12.1英寸超视觉TFT全液晶数字仪表、10.2英寸触控电容屏，引领科技时代。

比亚迪唐内饰

配置上，为ATS全地形模式，普通、沙地、泥地、雪地随心切换，更能适应云南多山地丘陵地区，无论是山路还是雪地，唐云南版都能更好地调整到最佳状态，带给驾乘者前所未有的操控感和安全感。唐云南版配备全景天窗，充足的视野让驾乘者在车内抬头即可仰望云南纯净美丽的天空。PM2.5绿净系统、云服务、行车记录仪、Keyless智能钥匙系统等多项至尊配置，带来全方位超凡驾乘体验。

比亚迪唐作为一款新能源SUV，其创新性与前瞻性让不少人眼前为之一亮。此次云南版的上市也代表了比亚迪十足的诚意，在目前还没有地方补贴政策的云南地区，比亚迪仍然不遗余力地推广新能源汽车，强悍的性能之上也拥有非常亲民给力的价格。这款从用户需求出发的SUV不仅来势迅猛，未来的市场发展空间也将更加广阔。

“7+4”战略

什么是“7+4”战略

比亚迪还发布了新能源车“7+4”全市场战略布局。“7”代表七大常规领域，即城市公交、出租车、道路客运、城市商品物流、城市建筑物流、环卫车、私家车；“4”代表四大特殊领域，即仓储、矿山、机场、港口。王传福放言：“比亚迪力争把中国道路交通领域所有用油的地方全部用电搞定！逐步实现全市场布局，将电动化进行到底！”

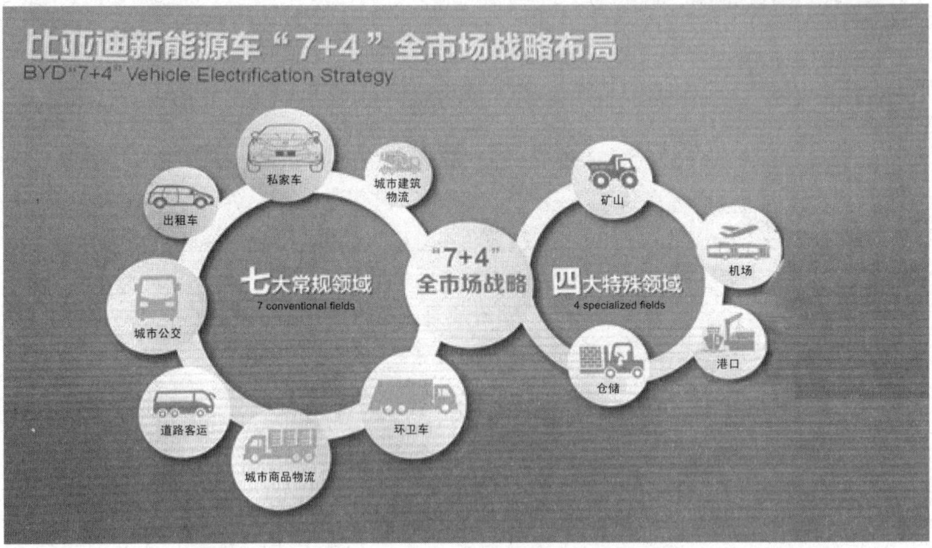

“7+4”战略

“7+4”战略的目标

对于“7+4”战略的目标，王传福说：“如果战略中涉及的7种车辆类型和4个领域能够全部实现电动化，那么我们便实现了真正的零排放，而比亚迪也在逐步实施当中。”

针对不同的车型种类，比亚迪也制订出不同的电动化解决方案。王传福讲道：“比如像大巴、出租车基本上以纯电动为主，因为它们基本在城市里使用，固定路线、固定区县，不需要跑长途，纯电动的解决方案更佳。私家车的话，考虑到中国市场现在充电站的基础设施问题等，我们采用双模动力系统（即插电式混合动力），城市用电、短途用电、长途用油。而像物流车、环卫车已经开始进入开发，有的已经进入验车阶段，很快将进入市场销售。”

“如果‘7+4’战略能够实现电动化，那么电动车的时代就到来了，对我们二氧化碳的减排也好，对城市PM2.5的治理也好，对地球减少化石资源的依赖也好，都是有很大的好处。”从王传福的这一段话来看，比亚迪的电动化战略涉及领域之大，读者可拭目以待。

相关链接》》

对话王传福：打造以技术为核心的比亚迪

1. 谈中国汽车品牌

从靠制造电池起家的“门外汉”，到如今成为中国汽车市场新能源汽车的领军品牌，比亚迪股份有限公司董事长兼总裁王传福在比亚迪汽车这12年的快速发展中扮演了重要角色，从开始的“逆向开发”，到之后的产业链垂直整合以及制定未来新能源汽车的战略目标，均出自他的决策。本期中国品牌高层访谈，我们将与这位传奇人物面对面，看看王传福如何看待中国品牌发展的现状，并请他谈一谈比亚迪汽车这10多年的发展变迁。

作为比亚迪的“掌门人”，王传福一手养育的比亚迪汽车品牌与中国品牌携手走过了10多年，那么在他的眼中，中国汽车市场以及中国汽车品牌发展环境和现状是怎样的?

中国市场是诞生世界级汽车品牌的平台

目前，中国已经成为全球最大的汽车市场，但相比其他汽车工业强国，中国汽车市场产销量虽高，却不够强大。关于如何做强，王传福讲道：“如果想将汽车市场做强，品牌很重要，尤其要打造中国品牌。”在他看来，中国人很聪明，也很勤奋，在这么大的一个平台上，应该会诞生一些世界级的品牌，这将会是中国品牌。

关于中国汽车品牌未来的发展方向，王传福认为每个品牌应该找到适合自己企业的发展路线。他讲道：“比亚迪从2003年制造汽车，经历了从学习、摸索到创新的过程，到现在找到了适合比亚迪发展的道路，就是发展新能源汽车。”

从近些年来看，国家政府对于中国新能源汽车行业的支持力度很大，这不仅体现在购车补贴上，地方政府也相继出台了像新能源牌照、新能源汽车不限行等利好政策，激励新能源汽车在国内快速发展。

习总书记曾经强调，发展新能源汽车是迈向汽车强国的必由之路。对此王传福非常认同，他表示：“发展新能源车是比亚迪未来的目标，也是近期发展的战略。”

2. 谈比亚迪汽车发展

怀揣汽车强国梦，进入汽车领域

王传福仅用7年时间就把比亚迪打造成一家上市公司，并在2003年创下全球第二大充电电池生产商的佳绩。而王传福当时并没有因此停下脚步，这位技术工程师出身的民营企业家在2003年决定拿着制造电池赚到的“一桶金”去投资还在成长当中的中国汽车市场。

“2003年的中国，行行业业发展都不错，唯独汽车市场很大，却没有像样的中国企业。因此我觉得利用比亚迪在电池领域成功的经验，看能不能进到汽车市场做一些努力，实现汽车强国之梦。”对于为何选择进军汽车行业这个问题，王传福回答得十分诚恳，同时通过他的这段话也能发现，王传福是一位有远见，并且具有一定民族主义情怀的中国民营企业家。

对于企业而言，选择踏入全新行业发展是需要勇气的，尤其是比亚迪之前并没有任何汽车制造方面的经验，因此在发展过程中所遇到的阻碍和困难自然不少。当王传福回想起刚成立比亚迪汽车时他讲道：“我们进来以后大家都看不起，因为传统汽车企业大部分都是合资的，那么当时合资公司都有一些偏见，认为你是从IT过来的，你肯定不行。”

但是，面对这样的舆论压力，王传福并没选择放弃或者退缩，在他看来，比亚迪的企业观念不同，王传福说：“汽车市场需要一些变革、需要一些创新，我觉得比亚迪在别的行业一样可以取得成功。”

销量年年翻番，经销商渠道快速增长

刚刚进入汽车行业的比亚迪选择收购秦川汽车获得了汽车的“准生证”，之后王传福选择了通过学习和模仿其他成功的产品来打入市场。在中国汽车市场飞速发展的背景下，这样的策略对于比亚迪汽车来说确实是条发展的捷径。

2006—2010年比亚迪迎来了高速发展的时期，年销量连续翻番，仅用7年时间便达到了100万辆的产销规模。对于当时的快速发展阶段，王传福认为首先是赶上了国内汽车市场高速发展的好时代。另外，他不否认参照成熟的产品也是当时快速发展的重要因素。王传福坦言："我们一开始最有效的方法就是参照一些大品牌的产品，在不侵权的情况下进行一些适当的借鉴，当时根据市场需求推出F3。这个车当时还比较宽大，价格也比较便宜，最终这款产品每年销量翻番，最高的时候差不多每个月接近2万多台。"

在比亚迪旗下汽车产品销量猛增的同时，其销售网络也进一步扩张。王传福讲道："销量快速增长，经销商数量也是等比例增加，最多时经销商达到1200多家。"如此规模在当时的中国品牌当中已经数一数二了。

飞速发展之后也暴露出了问题

在销量爆发式增长的背后，没有汽车企业管理和制造经验的比亚迪渐渐暴露出一些问题。首先是2010年，因为比亚迪制定了较高的销售目标，同时产能大幅度提升，面对销售压力、库存以及资金周转等问题，采取四网销售（A1、A2、A3和A4，每个网络销售不同的车型）的1200多家比亚迪经销商出现了大面积退网。除了经销商管理问题之外，比亚迪还在同期出现了因为产能提升而疏忽产品质量的问题。

比亚迪早期的经销商网络

网络	销售车型
A1	F3、F6、S6
A2	F3R、F0、S8、L3
A3	F3R、G3
A4	M6

关于比亚迪曾经暴露出的问题，王传福坦然说："2006—2010年增长高歌猛进，但也掩盖了很多问题。比如说像一些经销商发展的科学规划、经销商之间的矛盾、经销商的管理，当时我们也缺乏经验。另外，F3上市以后年年都是供不应求，所以每年都在扩充我们的产能，产能扩充太快，之后我们就有了一些小毛病，细节方面的话也存在一些问题。"

三年整改目标是加强经销商管理和产品质量

2010年比亚迪业绩不佳，连续5年超过100%的增长趋势在2010年被打破，王传福也认识到问题的严重性，并决定进行3年整改，同时降低销售目标和资本开支。王传福在回顾3年整改的主要目标时讲道："整改内容主要包括两点，第一是把经销商的数量控制到一个比较合理的水平，第二是产品质量要严抓，并达到合资品牌水平。"

关于经销商管理，王传福讲道："当时由于销量增长速度快，四网销售是有问题的，后来我们决定从四个网合并到三个网、三个网合并到两个网。"到2013年，比亚迪原先的四大渠道合并为两大渠道，分别为红网和蓝网，经销商数量从1200家整合为800家，而两个网分别销售不同的车型，从此比亚迪的经销商渠道趋于稳定。

除了经销商渠道整合之外，整改期的另一项重点是紧抓产品质量。王传福讲道："因为早年发展太快，比亚迪汽车缺少对质量的把控，那么在整改期，我们决定将之前从诺基亚和摩托罗拉等世界级品牌那里学习到的优秀品质体系运用到汽车上去 。"通过品质体系提升，比亚迪旗下车型的质量逐渐提升。

从学习模仿到掌握核心技术

从2012年以后，用户对整改后的比亚迪渐渐恢复了信心，同时其产销量和渠道方面的发展也趋于稳定，而在核心技术方面也有一定的积累。对于这个过程，王传福讲道："刚进入汽车行业，我们要向优秀的品牌学习很多技术，包括发动机、整车制造等。"

"我们花了10年时间，把发动机、变速箱、控制软件，还有车身、汽车电子等技术牢牢掌握住。"在王传福看来，只有掌握这些核心技术才能够做创新，并找到自己的定位。

在2013年，比亚迪推出了集核心技术于一身的思锐、双模电动车秦和采用全新设计的城市SUV比亚迪S7，同时打出"技术为王，创新为本"的品牌口号。

比亚迪坚持走以技术为核心的发展路线，因为王传福是工程师出身，在他看来，掌握当下市场的核心技术将会是成为行业领导者的关键因素。"当行业发生变革或革命的时候，就需要技术的变革，那么，谁是技术的领导者，谁往往就是行业的领导者。"

早期的坚持垂直整合是为节约成本，今天的垂直整合是为集成创新

在比亚迪的发展过程中一直强调产业链的垂直整合，像整车大部分的核心零部件和技术均是比亚迪自主研发的，包含发动机、变速箱、发动机控制软件、转向系统等。未来，比亚迪也将继续走垂直整合的路线。

在王传福看来，早期的垂直整合是为了掌握各种造车的技术，也是为了节约成本，减少投资。而今天的垂直整合是为了集成创新。他说："比亚迪是高度的垂直整合，大部分核心技术都是我们做的，别的企业基本是外购的，而我们刚开始从学习和借鉴中了解到核心技术，并通过十几年的了解，将这些技术都掌握住，之后设计和制造就很容易了。"

在垂直整合的战略背景下，比亚迪也在创新方面做出了一些成绩。王传福说："其实做完垂直整合以后我们发现，技术创新非常容易，我们每天都会创新，例如比亚迪推出的带遥控功能的智能钥匙、手表钥匙，包括双模技术，这些都是全球首创。"王传福认为，汽车创新其实是很多技术之间相互启发、相互叠加、相互作用产生的。

技术服务企业战略

另外，王传福认为，技术并不仅仅是为产品服务的，还要为企业战略服务。"比如说8年前我们就知道，到了今天我们的电池、电机、电控能够达到怎样的水平，有了这些判断以后，作为企业家来说，制定战略方向更准确，并且会投入大量资金，因此我们认为技术其实首先要为战略服务。"

因此，比亚迪的战略是根据技术发展方向而提前制定的，王传福讲道："我本人还有我们的团队都是技术型的干部，我们逻辑关系很强。对每一个战略，我们都是根据严格的逻辑数据，按照技术的发展方向，然后制订我们的方案。而不是靠大胆、靠蛮干、靠赌博，那不是我们的风格。"

王传福认为，技术会让一个企业家定出一个很好的方向，这个方向会让自己的企业比别的企业节约时间。超前的战略可以让开发出的产品抢占先机并且有机会做出改进；还可以最先跨上规模的门槛，降低成本；另外，还能是政策的最大受益者。综合来看，都会让企业变得更有竞争力。

3. 关于新能源汽车

比亚迪曾于2008年推出首款双模电动车F3DM，随后投放了纯电动车e6，比

亚迪秦、唐等新能源车型，在2014年4月和2015年4月，比亚迪针对新能源汽车领域发布了“542”产品战略和“7+4”市场战略，那么，是什么原因让王传福决定去大力发展新能源汽车的呢？在两大战略背景下，比亚迪未来在新能源方面的发展又是什么样的呢？

比亚迪在新能源汽车领域有机会“弯道超车”

前几年，中国新能源汽车市场的基本配套设施不完善，也没有太多的国家政策支持，那么，是什么让王传福对新能源汽车如此“动心”呢？他说道：“新能源汽车是个崭新的领域，使用新的技术，同时也是个新的市场。这点我们和国外企业也是平起平坐，因此我们有机会‘弯道超车’。”从王传福的这番话中不难看出，新能源市场对于比亚迪而言是一个新机遇，通过发展过程中的技术积累等优势，比亚迪试图在全新领域当中超越对手。

关于比亚迪在新能源汽车市场的优势，王传福说：“石油资源和空气污染这两点促成我们的新能源汽车必须要大发展，那么，要大发展怎么办？要变革，我们需要新技术。这时候我觉得一个垂直整合的企业，拥有高度集成的技术，它会走到最前面，它的创新速度比任何一个企业都要快。”正因如此，王传福更加坚定了他决定大力发展新能源汽车的决心。

比亚迪的电池工厂将是全球最大的

电池产能跟不上，制约整车产能的情况一直是近些年来新能源汽车企业的大难题，而比亚迪也遇到了同样的问题，秦在某些地区的热销导致其产能不足，而最大原因就是电池供应不上，外加比亚迪还有像唐、宋以及未来包括元在内的双模电动车陆续登陆市场，所以扩大电池工厂规模迫在眉睫。

王传福讲道：“2015年我们在深圳投资了8个吉瓦·时的新电能厂，加原来的2个吉瓦·时，今年年底我们会达到10个吉瓦·时的电池产能。10个吉瓦·时目前来说是全球已经投产的工厂当中最大的。”但，如此大规模的工厂未来仅供应乘用车又有些过剩了，对此王传福解释道：“新工厂产能开始释放之后，会供应给秦，还有唐、宋以及元等产品，还有我们的电动大巴，目前电动大巴卖得也很好。包括欧洲国家、美国，还有中国深圳等都有大量的需求。”

从入行时曾被人看不起，到如今成为新能源汽车市场的领跑者，比亚迪这一路下来并非一帆风顺，快速发展过程中所遇到的挫折让比亚迪渐渐成长起来，而王传福也一直在坚持以技术为核心的发展道路，同时产业链的垂直整合也是中国品牌当中为数不多的发展模式。未来，在两大战略的指引下，比亚迪势必大力发展新能源汽车领域，那么，随着消费者购车观念的转变和国家政策的引导，相信未来新能源汽车将会有更好的发展前景。最后，祝愿比亚迪的新能源战略目标能够尽快实现！

相关链接 》》

新能源冠军"出海" 比亚迪获世界点赞

阳春三月，春风拂面。

全国两会在这个充满希望的季节胜利召开，"一带一路"国家顶级战略已成为改革关键词，同时也正逐步由蓝图变为现实。以"一带一路"战略为代表，越来越多的"中国智造""走出去"，作为其中的代表，比亚迪成为本月3日中央二套《环球财经连线》《中国品牌在海外》专题推介的唯一汽车品牌。

比亚迪汽车登CCTV2财经频道

在全球市场的开拓上，比亚迪屡获战绩，足迹遍布全球六大洲，43个不同的国家和地区，190个不同的城市，国际化版图不断扩展。

足迹遍布全球　绿色比亚迪受世界人民点赞

“棒极了，这个车棒极了，我觉得从环保角度说，对哥伦比亚，对这里的居民来说都非常重要。”哥伦比亚波哥大市比亚迪电动出租车司机洛佩斯表示。

在波哥大生活了近50年的克里斯蒂娜，深切感受到空气污染带来的影响，她对洛佩斯的话表示赞同，她说开电动出租车的她，不排放污染，很受亲戚朋友的尊重。

近年来，中国汽车品牌在南美的占有率迅速增长，2013年起，比亚迪在哥伦比亚投入了一种特别的新能源汽车，借此打开了当地市场。

如今，环境问题受到全球关注，已上升到国家战略层面，而新能源汽车则是解决这个问题的关键一环。

比亚迪汽车登CCTV2财经频道

除环保之外，记者在调查中发现，车内宽敞舒适、充电十分便捷也是比亚迪深受欢迎的原因之一。据了解，波哥大全市有4个固定的专用充电点给电动车充电，共计36个充电位。充电时间方面，把车从0～100充满的这个时间大约需要2个小时。充电形式也与传统加油站十分不同，可以说充满了科技感。在充电前，司机通过手机中的移动客户端，生成一个二维码，让充电机扫描后，就可以自助充电了。

在被称为“汽车轮子上的国家”的美国，比亚迪销量日益增加。在美国加利福尼亚州兰卡斯特市，一个近10万平方米的比亚迪工厂正在计划扩建厂房，将产量由每年300台提升至1000台。因为这里生产的7～18米不同载客量、不同用途的纯电动大巴，将成为美国多个城市的公交车、上学班车和机场工作车的主力车型。

美国加利福尼亚州羚羊谷交通运输局与比亚迪签署了85台纯电动大巴采购合同。他们计划在2018年，将旗下的燃油大巴全部切换成纯电动大巴，成为全美首个实现车队百分百电动化的运营商。

美国《财富》杂志认为，比亚迪的电动公交车能够首次实现一次充电，全天行驶，改变了燃油公交车污染环境的现状，具有跨时代的意义。

比亚迪为全球低碳能源做出的杰出贡献，得到国际社会的高度认可。

2015年9月，联合国秘书长潘基文亲自为比亚迪颁发联合国能源特别奖。

拥有核心技术 做世界级中国百年品牌

从当年国内的小公司，到产品遍布多国，比亚迪从“走出去”到“走进去”之路并不容易。记者在调查中发现，比亚迪赢得海外市场的制胜关键就是，掌握电动车最核心的技术和最核心的生产能力。

比亚迪是目前全世界唯一一家拥有自己的电池厂、电池制造工艺、汽车制造工艺、大巴制造工艺的企业。每年比亚迪有大量资金投入研发，专利申请居汽车行业前列。截至2015年4月，比亚迪累计专利数8846件（已经授权），2015年，比亚迪的混合动力专利技术荣获中国专利金奖，这是中国汽车厂商首次在新能源领域获此殊荣。同时，比亚迪还有三项专利获得优秀奖。

核心技术和新生产能力，使得比亚迪公司的纯电动大巴，不仅成为羚羊谷交通运输局的唯一选择，也是美国很多公司的首选。

2015年，比亚迪新能源乘用车销量为61722辆，超越特斯拉、日产等品牌，排名全球新能源汽车年度销量第一，全球市场占有率超过11%。这是中国汽车品牌在汽车工业60年历史中第一次领先全球，成为“中国制造”走出国门，在国际行业领域“弯道超车”的标杆。

正如比亚迪高级副总裁李珂所说：“在美国，我们的大巴并不是最便宜的。

但我们有定价权。作为一家中国企业，我们真的有一个梦想，梦想创造一个世界级的中国百年品牌，做一家不断创新的、有技术含量的、绿色环保的企业。”

相关链接

助力转型升级 比亚迪发布道路客运电动化解决方案

2015年9月22日，广东省道路运输协会第十四次会员大会在广州举行，借助本届大会，比亚迪商用车首次发布了道路客运电动化整体解决方案。该方案结合当前道路客运行业发展现状，强调道路客运电动化的优势，推出C9、C8、C6全系纯电动客车、充电配套设施、金融运营模式等方案，不仅有效解决传统道路客运能耗大、成本高、污染重等问题，还将进一步提升企业道路营运综合竞争力，助推中国道路客运产业转型升级。

实现交通运输行业转型升级 “静”享舒适旅程

作为我国运输市场的主体，公路营运客车总量自2012年以来出现逐年下滑趋势。一方面，我国拥有约80万辆道路营运客车，每年耗油量高达2752万吨，排放二氧化碳7568万吨，给环境带来了巨大的压力；另一方面，铁路、民航迅速发展给道路客运行业造成了一定冲击，而随着“互联网+”模式的诞生，传统运输行业转型升级已迫在眉睫。为此，比亚迪推出C系纯电动客车，以全新的竞争优势满足班车客运、包车客运及旅游客运等多方位需求，迎接道路客运产业面临的新机遇和新挑战。

作为C系客车的开山之作，C9是比亚迪打造的第一款新能源、新动力、新概念的纯电动客车产品。C9车长12米，可载53人，拥有360千瓦的最大功率和3000牛·米的最大扭矩，续航里程达300公里以上，充电时间仅需1～2个小时。C8是继C9之后推出的另一款纯电动客车产品。C8车长10.5米，核载人数45人，续驶里程大于170公里，最高时速达100公里/时。此外，为了满足更高品质的接待和出行，比亚迪还推出车长7米长，核载22人的C6，凭借1.35小时的快速充电与210公里的优秀续航能力，配以豪华内饰与舒适空间，C6可提供更优质的公商务服务。

道路客运“绿色潮流” 纵享高品质服务

道路客运是我国客运行业的主要方式，也是比亚迪“7+4”战略中的重要一环。作为集比亚迪绿色科技于一身的新能源产品，C系列客车凝聚了比亚迪新能源汽车优秀的运营经验。2015年2月，比亚迪牵手广东省科技创新大会，投入运营10台C9作为贵宾接送车；2015年5月，比亚迪C9斩获“中国道路运输杯”2015年度最佳新能源客车大奖；2015年9月，比亚迪C9成为2015大连夏季达沃斯年会指定用车，助力大连市打造国际“绿色盛会”。优秀的运营数据为比亚迪C系客车品质提供了全方位检验及见证。

在国家石油安全、能源危机、环境污染以及传统道路客运转型升级的背景下，中国道路客运行业革新已刻不容缓。当前，国家及地区已相继出台政策，对新能源道路营运客车提供购车补贴、免购置税、用电、停车优惠等扶持政策。比亚迪响应政策号召，继公交电动化、物流电动化之后，推出道路客运电动化整体解决方案，将有助于推动我国道路客运行业转型升级，促进交通行业节能减排并实现可持续发展。

第四章
IT的解读

导言：

从IT起步的比亚迪经过在IT业的多年沉浸和专业积累，至今已拥有世界领先水平。那么，比亚迪的IT业务是如何起步的呢？

第一节　探索与起步

缘起大哥大

20世纪90年代中期，手提电话（大哥大）进入中国，一块小小的电池就要上千元让王传福意识到这是个重大商机。此外，20世纪90年代初期，日本宣布不再生产镍镉电池也为王传福创业提供了契机。

大哥大

高起点发展

当时深圳的手机电池组装企业多如牛毛，但电池专家出身的王传福一开始就涉足核心的电芯技术，高起点为比亚迪的发展奠定了基调。通过拆解、学习、改造、创新，最终，比亚迪将电池业务做到了国内第一、世界第二。

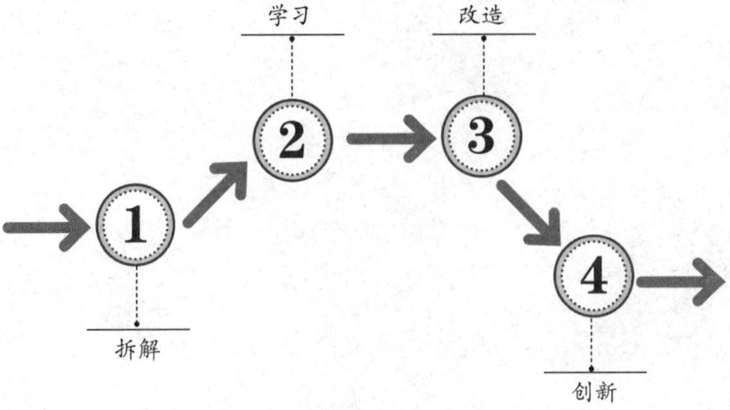

比亚迪电池发展路线

镍电池

起步初期，比亚迪主要为当时的第一代手机（即大哥大）提供镍镉电池，在中国市场取得成功后，比亚迪马上开始做国际市场，并率先在欧洲设立分公司。凭借自主研发的发泡镍锟焊、正极端面焊等工艺技术，比亚迪得到了BOSCH、法国手机制造商Sagem等客户的认可。随后，比亚迪美国分公司建立，不久后即获得了摩托罗拉的认证。比亚迪在生产中采用了很多降低成本的流程，到21世纪初期，比亚迪已经成为世界第一大镍（包括镍镉、镍氢）电池生产商。

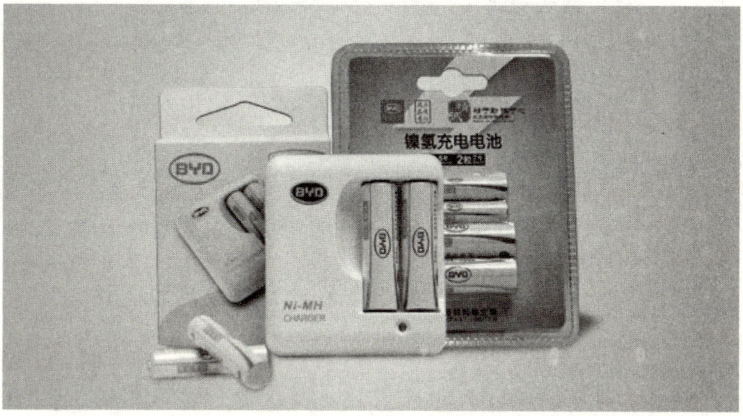

比亚迪生产的镍电池

锂离子电池

在比亚迪成立后的几年时间里，大哥大变成了第二代手机，即数字信号手机，体积缩小，（钴酸锂）锂电池跃然而出，镍电池和锂电池之间出现更替。而这时，日本企业如三洋等也刚刚推出相关产品并想独霸市场。

凭借敏锐的嗅觉，比亚迪再次发现商机，果断开始锂离子电池的研发，并成为首批进入该领域的中国锂电池企业。随着高温烘烤等关键技术的攻克，比亚迪不仅在新生的中国锂电行业傲居霸主地位，而且通过了摩托罗拉的六西格玛管理。摩托罗拉严格的设计、开发规则，也助力比亚迪的品质水平和生产工艺提升了一个高度。

到2000年，比亚迪的手机锂离子电池技术得到了摩托罗拉的认可，开始对摩托罗拉的产品进行全球供货，而且份额一度高达摩托罗拉全球的90%。有了过硬的技术和更为低廉的制造成本，继摩托罗拉后，各大手机客户纷至沓来，其中包括三星等在内的知名品牌，至今仍选择比亚迪作为合作伙伴。

比亚迪为诺基亚制造的锂电池

相关链接 》》

比亚迪这是要逆天！电池技术又有新突破

2014年8月30日，比亚迪董事长王传福透露，比亚迪最新研究的磷酸铁锰锂电池突破了传统磷酸铁锂电池的能量密度限制，达到了三元材料水平（约为150瓦·时/千克），能量密度提升了60%，而且在成本控制上比后者更加优秀。在这项技术应用于新能源汽车后，比亚迪电动车的续航能力将获得很大程度的提升。

新材料的应用，将使电池能量密度由目前的90瓦·时/千克提升至150瓦·时/千克。目前电池材料中使用的钴元素在我国储量极少，只占世界总存储量的1%，价格上受制于人。但新电池材料中的锰元素在我国的储量非常丰富，将利于降低成本，但就目前来看，新电池在安全性上仍需进一步验证。

据了解，这一新技术电池将主要应用在比亚迪自产的新能源汽车上。王传福此前称，新的高密度电池在成本上不增反降。

虽然磷酸铁锰锂电池采用了新的材料和配方，但原有的制作工艺改变不大，可以直接采用原有的生产线进行生产。因此，如有需要，新的高密度电池产能可以迅速提升。

新的电池若能成功地应用在比亚迪新能源汽车上，将大幅提高其续航里程，使其在新能源车型市场更具竞争力。

相关链接》

比亚迪：一块电池的信仰

信仰，是人生的动力。不忘初心，方得始终。

坚持是一种精神，也是一种美，但过程却是艰苦的，能完成一定是少数的，因此这少数一定也是最美的。

因为一个绿色梦想，因为对一块电池的信仰，一个企业在新能源的道路上坚持了20年。如今，它已经成为世界汽车企业中，坚持新能源汽车发展战略最坚强的公司之一。

它，就是比亚迪。

如同每一个敢于尝试新鲜事物的开拓者一样，怀揣着汽车强国梦的王传福毅然决然地进入了汽车领域。

对于企业而言，选择踏入全新行业发展是需要勇气的，尤其是比亚迪之前并没有任何汽车制造方面的经验，因此在发展过程中所遇到的阻碍和困难自然不少。

回想起王传福当年在比亚迪汽车刚成立时说过：“我们进来以后大家都质疑，因为传统汽车企业大部分都是合资的，当时合资公司都有一些偏见，认为你是从IT过来的，你肯定不行。”

2005年，王传福开始他的绿色梦想，制定超前战略。在很多人不看好电动车时，他大胆先行。新技术的投入存在巨大的不确定性和风险，需要决策人去选择方向。以他为首的比亚迪决策层，都具有很深厚的技术功底，但王传福坦言，真正的技术路线选择、产品选择，到最终形成比亚迪的战略，其实全系于他一人。

王传福是技术出身，在他看来，技术会让人具有更强的判断力、敏锐力和洞察力。大量阅读和研究有助于他做出正确的判断。因此，他至今坚持阅读，特别是要酝酿和确定新项目时，他会集中1～2周时间，每天抽出四五个小时闭门苦读技术资料。

坚持是一家汽车企业最重要的基础，没有坚持，任何企业都不可能成功。为何中国品牌汽车企业在传统燃油汽车市场很难超越欧美等发达国家和地区，最主要的原因是这些国家和地区的汽车企业有着漫长的历史积累，而积累同样是一种坚持。

中国汽车企业随着政策的指挥棒起起落落，尤其是新能源汽车的战略时常变幻。许多的汽车企业都是因为政策的存在而存在，更是因为政策的变化而调整。即使在中国新能源汽车政策及发展战略起伏不定时，比亚迪也一直咬定青山不放松，始终将新能源汽车战略作为自己最重要的战略方向。

从最初的纯电动车e6，到后来的插电混动车型F3DM，再到今天的秦、唐、K9（纯电动客车）以及未来的e5、元、宋等车型，比亚迪从没有在新能源汽车的发展道路上止过步。

是的，比亚迪坚持了下来。

起初，当几乎所有的人都对新能源汽车持怀疑态度，认为这只是在哗众取宠，甚至觉得百害而无一利的时候，比亚迪却在自己的大本营深圳，联合其他投资者成立纯电动出租车公司，“明目张胆”地开始了运营。

市场最终证明了比亚迪的正确，这家电动出租车企业实现了盈利。难道还有其他领域更能证明新能源汽车产品的可靠？无疑，出租车市场是最好的检验工具。

是的，比亚迪又一次坚持了下来。之后几年漫长的岁月，比亚迪的电动车得到了完全的市场验证。

在“十二五”期间，比亚迪发布了“542”战略，从性能、安全、油耗三方面重新定义汽车标准，助力中国汽车工业真正实现“弯道超车”，同时推出了最具代表性的且集王传福与比亚迪“拓”劲于一身的新能源SUV——比亚迪唐。按照比亚迪的计划，今后比亚迪旗下所有新能源车都将达到“542”标准。

如今，比亚迪已经成为世界新能源汽车领域的“头牌”。多年的磨砺有了结果，多年的坚持有了回报。

这期间，比亚迪不忘初心，以电池技术起家，专注于电池技术，把一块电池做成了信仰。

2015年，比亚迪新能源车全球累计销量61722台，同比增长234.7%，自5月份起，比亚迪新能源汽车连续9个月全球销量第一，并一举夺得2015年全球新能源车销量总冠军。

就在今日，新能源领域有两件大事将发生：比亚迪两款新能源车——秦EV300和e5上市；无独有偶，特斯拉 MODEL 3新车也在同一天全球首发。

比亚迪和特斯拉，一个是中国新能源车的领军品牌，从电池做到了电动车；一个是“用硅谷思维颠覆底特律造车”的海外新能源车品牌。

然而，它们都用一套领先的电池管理技术，将电动车续航里程扩大到了300公里，无疑创造了新能源车行业的新标准。

车市红点认为，相比于特斯拉，比亚迪秦EV300对于中国消费者来说，在价格和使用便利性上，更具亲和感和竞争力，也更能够给中国消费者带来优质的体验。

由此可见，专注电池技术、不忘初心的比亚迪，把一块电池做成了信仰，也凭借这份信仰引领了新能源汽车的未来。

今天，让我们共同见证这块电池的信仰。

……

第二节　业务与发展

进入手机部件业务

从21世纪初开始，比亚迪就酝酿进入手机部件的生产和组装业务。2003

年，比亚迪正式进入该领域，之后一发不可收拾，与该行业的龙头鸿海集团形成正面交锋之势，手机配件业务成为比亚迪这几年的“现金奶牛”。

正是基于与客户合作所积累的大量经验，比亚迪于2006年组建了自己的手机整机组装（EMS）事业部，即第九事业部，专门进行来料加工。而惠州比亚迪的建立，以及与华为、索爱、京瓷、戴尔、三星、LG等更多客户的合作，更是坚定了比亚迪IT事业群以零部件为基础的ODM加EMS方向。

比亚迪垂直整合策略的重要性在其中得到了很好的体现。那之后每接到一份客户的代工订单，比亚迪都可以在内部对各种零部件产品的成本进行调整，以保证整机的毛利在一定水平之上。可以这么说，比亚迪对利润的控制能力掌握在自己的手中。

ODM供应商

比亚迪是从手机零部件做起，逐步自下而上进入手机组装和设计的环节。虽然一直与摩托罗拉、诺基亚两大巨头合作，但是比亚迪IT产业群的ODM之路，却与西门子无意之间的推动不无关系。那时，除了摄像头，比亚迪几乎可以提供手机制造的所有零部件。因为与西门子的合作，比亚迪又增加了摄像头产品线。至此，比亚迪开始向西门子提供整体解决方案的打包服务。在这个整体解决方案中，除西门子自己提供的手机主板外，比亚迪不仅要提供所有的零部件，而且需要对最终产品进行组装测试，包括电路板校准、测试零部件对电路板的影响等。

SIEMENS

西门子logo

王传福曾说过：“代工只是比亚迪的一种服务，背后我们卖的是我们的零部件，我们的技术。”

正是基于与西门子的合作契机，使比亚迪的视野提升到了一个新的高度。

比亚迪开始意识到，要在交付产品中增加自己的附加值部分，而不仅仅是卖某个零部件，或者是单纯的组装。比亚迪要开始做产品设计。

于是，2007年，比亚迪与整机方案设计商德信无线共同组建了一家以各种制式手机ODM为主营业务的合资企业——比德创展，现为比亚迪第五事业部。

相关链接》》

ODM成比亚迪聚宝盆　半年营收增长96%

2010年9月27日，当“股神”沃伦·巴菲特当着比亚迪近千名的经销商，称其投资比亚迪是“明智的选择”，也是他做出的“最好的投资决定”时，比亚迪集团旗下两家港股上市公司比亚迪和比亚迪电子的股价应声而涨。人们大都通过街上越来越多镶嵌着BYD标识的汽车来认识比亚迪品牌，而其电子产品代工业务主体比亚迪电子亦不容小觑。在2010年上半年财报中，比亚迪电子营收同比增长接近一倍，与最大的竞争对手，上半年亏损1.4亿美元的富士康形成了鲜明的对比。

强化TD产品线

比亚迪电子在港交所（全称香港交易及结算所有限公司）公布的截至2010年6月30日的半年业绩显示，2010年上半年总营收为人民币74.68亿港元，较去年同期增长了96.47%，毛利润为人民币9.08亿港元，同比增长72%，归属股东净利润为人民币3.62亿元，较去年同期增长了58.18%，每股盈利0.16元。

此外，关于各项数据大幅增长的原因，比亚迪电子还特别提到了期内积极开拓的手机ODM业务（手机组装及原设计生产服务），特别是3G手机的ODM业务。

ODM两重天

尽管整体规模还有差距，但比亚迪电子的这份财报与其老对手富士康相比可谓大相径庭。

据公告，富士康2010年上半年净亏损1.426亿美元，较2009年同期亏损的0.19亿美元扩大了整整6.5倍。尽管其中包括物业、厂房及设备与投资物业折旧减值亏损，但仍然无法安抚投资者的信心。

和比亚迪一样，近年来富士康也希望通过ODM来摆脱OEM的低毛利率现状，但效果并不明显。

花旗银行发表的研究报告认为，富士康虽尝试ODM业务，于2008年至2010年已每年投入6200万美元，“但其现今仍未见推出受瞩目的ODM项目产品或智能手机。”

相关链接》

电动汽车电池生产商排行榜TOP10：松下卫冕　比亚迪排第二

2015年，松下仍然是最大的电动汽车电池生产商，比亚迪和LG化学销量继续增长。松下消费型电动汽车锂电池销量在2015年达到4552兆瓦·时（1兆瓦等于1000千瓦），2014年为2726兆瓦·时，至此，松下在动力锂电池的市场份额维持在38%左右。

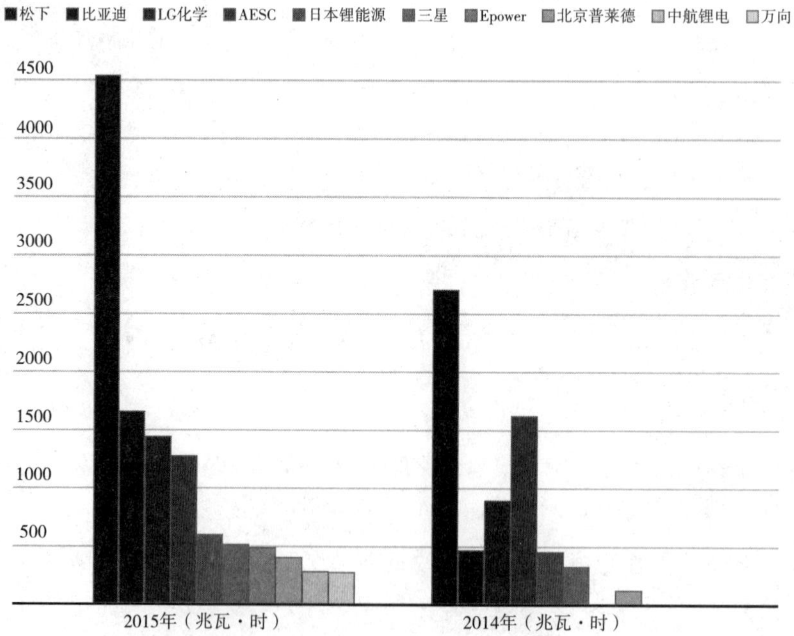

电动汽车电池生产商排行榜TOP10产能对比

松下之所以占据市场统治地位，主要是因为它与特斯拉签署了合作协议，后者生产的车型Model S和Model X电池组容量需求非常大。

比亚迪份额排在第二位，2015年销售了1652兆瓦·时，占据14%的市场份额；2014年比亚迪销量为461兆瓦·时，份额只有7%。

不过，比亚迪在电动大巴上使用的电池销量并没有包括在统计中，如果加上这部分销量，比亚迪无疑可以与松下在市场上一争高下。

2015年与2014年产能对比

（单位：兆瓦·时）

电池生产商	2015年	2014年	2015年占比	2014年占比
松下	4552	2726	40%	41%
比亚迪	1652	461	14%	7%
LG化学	1432	886	13%	13%
AESC	1272	1620	11%	25%
日本锂能源	600	451	5%	7%
三星	504	314	4%	5%
Epower	489	—	4%	—
北京普莱德	397	121	3%	2%
中航锂电	283	—	2%	—
万向	268	—	2%	—
合计	11449	6579	98%	100%

排名第三的是LG化学，2015年销售了1432兆瓦·时，2014年为886兆瓦·时，LG化学的市场份额维持在13%的水平。LG化学是雪佛兰Volt（插电式混合动力车型）的电池提供商，同时也将为即将量产的雪佛兰纯电动车型Bolt提供动力电池。毫无疑问，后者对电池组的需求量将大于前者。

NEC和日产的合资公司AESC排在第四位，它的市场份额持续下降：从2014年的25%到2015年的11%。这是因为日产Leaf电动汽车销量下滑，并且日产将部分电池外包给了LG化学，AESC的前途并不被看好。

日本锂能源（杰士汤浅与三菱的合资公司）排在第五位。它的电池组主要用在三菱欧蓝德混合动力车型汽车上。

三星排在第六位，2015年销量为504兆瓦·时，其合作伙伴包括宝马与菲亚特。排在第七位至第十位的分别是Epower、北京普莱德、中航锂电以及万向，它们都是来自中国的企业。

有一个趋势是，受政府政策鼓励，未来中国电池厂商的市场份额将逐年上涨。此外，随着特斯拉Model 3的大规模量产，特斯拉与松下合资的超级电池工厂将为这一车型供应电池，它们在市场上的表现也值得关注。

业务范围

比亚迪的深圳总部有一个手机配件业务展厅，里面陈列了比亚迪生产的除了手机芯片之外的所有手机配件，手机电池、外壳、柔性线路板（FPC）、液晶屏、摄像头、马达、键盘等一应俱全。

每位参观者来到这里，都会提出这样的疑问：BYD的产品线为何如此宽泛？

在比亚迪的企业宣传内容中有这样一句话：什么是制造业的命门？比亚迪认为是一种自上而下的垂直整合能力。也许，垂直整合给人的第一印象是节约成本，但比亚迪更看重的是垂直整合所带来的效率提升、品质改善、不断创新和对产品、产业战略制定所提供的支持。

多元化产业形成

一直致力于提供手机电池的比亚迪在生产过程中发现，由于手机电池单独提供，因此存在与塑胶壳厂搭配的问题，这中间的色差、喷漆等非技术性的具体问题，往往会给制造过程带来许多不必要的麻烦。为了突破这一瓶颈，2001年，比亚迪成立了自己的注塑厂，从而也为今后的业务发展奠定了坚实基础。

解决了塑胶壳的配套问题，比亚迪又发现了LCD在翻盖机中的工艺问题，于是立即投产了两条CSTN线，生产彩色STN-LCD。

这样的发展似乎很符合比亚迪宣称的“袋鼠模式”——集中内部资源，在已有的商业领域成功后，迅速进行战略转移，利用内部的资源像袋鼠一样繁衍一个又一个新业务。正是基于这种模式，比亚迪接着也开始做柔性电路板、摄像头、键盘等配套产品。在这期间，公司每年的技术专利多达1000多个，所掌握的核心技术跨越了很多领域，包括镍系列充电电池、锂离子电池、精密塑胶、LCD/LCM、FPC、摄像头、表面技术等领域的核心技术。IT产业的多元化逐步展开，从而最终完善了手机零部件产品线。

相关链接 》》

手机平板代工：比亚迪强势崛起PK富士康

似乎是不经意之间，比亚迪已经在OEM/EMS智能手机、平板机代工领域内崛起了，对于以富士康为代表的台湾同行构成了严峻挑战。

说起比亚迪，很多人联想到的往往是汽车、太阳能、电池等业务，但事实上，在目前比亚迪的多项核心业务中，太阳能亏损巨大、前景不明，处于迅速收缩状态，汽车业务发展迅速，但并不赚钱，电池业务发展稳定，但不会出现爆发性增长，所以智能手机、平板机等终端的代工业务逐渐重新成为比亚迪的业务重点。

事实上，比亚迪早在20世纪末期就进入了IT代工领域，特别是2003年开始大肆从富士康挖角并争夺客户，数次传出双方非法获取对方商业机密的丑闻，并展开了长期的商业、诉讼大战。之后随着苹果的爆发，富士康势头凶猛，而比亚迪这边的诺基亚、摩托罗拉却是一蹶不振，导致比亚迪的手机代工业务萎靡，精力随之转向汽车、新能源等领域。

现在，比亚迪又回来了，已经陆续拿到了大量品牌厂商的订单，包括黑莓、戴尔、惠普、HTC、华为、诺基亚、三星电子等。

惠普Slate 7、HTC Butterfly/One、华为Ascend P6、诺基亚Lumia 1020、三星Galaxy S4 mini、中国移动自主品牌M601，这些近来关注度颇高的新产品其实都是出自比亚迪之手，就连Intel Haswell平板原型机都是比亚迪做的。

虽然比亚迪在研发实力上不如台湾智能手机ODM厂商，但是OEM/EMS业务可以生产移动设备的绝大部分零部件，包括外壳、键盘、扬声器、模块、接口、PCB等，并且有组装成品的能力，价格上也非常有优势。

富士康和比亚迪的客户重叠度很高，因此受冲击力度是最大的。第一轮交锋中大获全胜的富士康对比亚迪采取了全面压制的政策，导致后者在代工领域几近消失，但是现在，苹果的风潮正在渐渐减弱，HTC、三星、华为甚至诺基亚都看上了比亚迪，给了后者充足的反击资本。

对富士康更不利的是，为了平衡产业链，据称苹果已经将部分iPhone、iPad的代工订单转交给了和硕，后者甚至将成为iPhone的主要代工厂。再加上频频爆发的员工管理问题，富士康的处境并不太妙。

其他台湾ODM和零部件供应商，包括仁宝、华冠通讯（Arima Communications）、闳晖实业（Silitech Technology）、可成科技（Catcher Technology），也都难逃比亚迪的冲击。

铁电池

比亚迪所使用的铁电池实际上是指磷酸铁锂电池。磷酸铁锂电池，是指用磷酸铁锂作为正极材料的锂离子电池。锂离子电池的正极材料主要有钴酸锂、锰酸锂、镍酸锂、三元材料、磷酸铁锂等。其中钴酸锂是目前绝大多数锂离子电池使用的正极材料。

优势

比亚迪的磷酸铁锂电池有七大优势，如下图所示。

优势一　安全性能的改善

磷酸铁锂晶体中的P-O键稳固，难以分解，因此拥有良好的安全性

优势二　寿命的改善

长寿命铅酸电池的循环寿命在300次左右，最高也就500次，而磷酸铁锂动力电池的循环寿命达到2000次以上，标准充电（5小时放电率）使用，可达到2000次

优势三	高温性能好	磷酸铁锂工作温度范围为-20℃～75℃，有耐高温特性的磷酸铁锂电热峰值可达350℃～500℃
优势四	大容量	具有比普通电池（铅酸等）更大的容量，为5～1000安时（单体）
优势五	无记忆效应	可充电电池在经常处于充满不放完的条件下工作，容量会迅速低于额定容量值，这种现象叫作记忆效应，而磷酸铁锂电池无此现象
优势六	重量轻	同等规格容量的磷酸铁锂电池的体积是铅酸电池体积的2/3，重量是铅酸电池的1/3
优势七	环保	磷酸铁锂电池被认为是不含任何重金属与稀有金属（镍氢电池含稀有金属）、无毒（SGS认证通过）、无污染、符合欧洲RoHS规定、绝对绿色环保的电池

磷酸铁锂电池的优势

缺点

磷酸铁锂电池的缺点有：低温性能差，正极材料振实密度小，等容量的磷酸铁锂电池的体积要大于钴酸锂等锂离子电池，因此在微型电池方面不具有优势。而用作动力电池时，磷酸铁锂电池和其他电池一样，需要面对电池一致性问题。

相关链接》》

致电比亚迪：怎么连你也开始用三元锂电池

正当中国动力电池行业思考磷酸铁锂和三元技术路线之际，比亚迪即将上市的混合动力车型宋搭载三元锂电池的消息引起了锂电业界的极大关注。

工信部2015年8月14日公布的第72批节能与新能源汽车目录信息显示，比亚迪一款名为插电式混合动力多用途乘用车的产品入选，车型为BYD6460STHEV。从车型信息及图片分析对照可知，这款车就是比亚迪插电式SUV车型宋。

根据公告中的技术参数表，该车的电动汽车储能装置种类为镍钴锰酸锂电池，由惠州比亚迪电池有限公司生产。这意味着，比亚迪自主研发生产了三元锂电池，并且已经到了应用阶段。对照比亚迪秦、唐、e6等车型均搭载磷酸铁锂电池，宋的出现标志着比亚迪开始从此前单一的磷酸铁锂电池路线中走出，三元锂电池则开始崭露头角。

对此，业内人士疑惑，为什么在新能源汽车电池路线上一直高举磷酸铁锂大旗的比亚迪，也开始涉足三元锂电池?

高工锂电专门致电比亚迪CTO刘卫平，探寻推出插电式混合动力车型宋是否意味着比亚迪电池路线的转变。

“即将上市的新车型宋的确是使用镍钴锰酸锂电池，但这并不意味比亚迪的电池路线就由磷酸铁锂转向三元了。”刘卫平告诉高工锂电，由于宋这款车型是插电式混合动力，所需的电池量相对较小，再加上公司此前研发的镍钴锰酸锂电池经过各项测试后已经成熟，所以就正式装备在这款即将推向市场的新车型上。

事实上，比亚迪作为动力电池、整车垂直整合的标杆企业，在公司研发生产的磷酸铁锂电池在电动大巴、秦、e6等不同车型上获得成熟的应用经验后，就开始了三元锂电池的基础性研发工作。

“三元锂电池之所以迟迟没有推出市场，主要是考虑到安全性和稳定性等方面可能存在的隐患，要推出市场就需要进行技术攻关解决这些难题。”刘卫平坦言，对于刚刚起步的中国新能源汽车产业而言，新电池技术如何提高安全性才是最紧要的。

镍钴锰酸锂电池在宋这款车型上的应用，是否就意味着比亚迪从此在电动乘用车领域会偏向三元材料?

刘卫平的回答是：公司将持三元、铁锂两条路线并行的态度，是否扩大三元锂电池的产能则取决于未来的市场需求。

值得注意的是，比亚迪同时也在研究磷酸铁锂电池的“改进版”——磷酸铁锰锂电池。第四批新能源车型免购置税目录显示，新款比亚迪e6将搭载全新的磷酸铁锰锂电池，续航里程从300公里提升至400公里。

尽管新款e6的电池容量增加了19千瓦·时，但整体电池质量反而减重50千克。通过采用磷酸铁锰锂电池替代磷酸铁电池，电池能量密度提升，以“增量不增重”的方式获得续航里程的大幅提升。

从现行市场应用情况来看，磷酸铁锂在电动大巴领域更有优势，而在电动乘用车市场，则存在多条动力电池路线并行的局面。

高工产研锂电研究所（GGII）市场调研数据显示，2015年上半年中国汽车动力锂电池产值为112亿元，其中三元电池占比为21%，去年仅为10%，比例大幅上升。三元材料动力电池增速加快，而磷酸铁锂电池增速则相对放缓。

随着比亚迪新车型开始应用三元锂电池，加之北汽新能源、江淮、奇瑞等企业都开始在新车型上应用三元锂电池，预计未来一段时间内，中国电动乘用车领域铁锂、三元并行的电池路线可能会向三元电池路线倾斜。

相关链接

全球电池市场激增3倍 松下独大比亚迪看升

2016年3月29日，市场研究机构Lux Research发布研究报告称，电动汽车电池市场发展迅速，2014年第一季度，在美国市场的强劲需求带动下，插电式汽车和混合动力汽车的电池收益达到6.6亿美元，其中，私人购买销量较高的车型对电池市场起到了拉动作用。

插电式汽车和混合动力汽车电池市场快速增长，过去3年激增至3倍多，每个季度需求达到1.4百万千瓦·时。2013年，与特斯拉的成功合作，令松下一举拿下了插电式汽车电池市场39%的市场份额。紧随其后的是NEC，市场份额为27%，乐金化学公司（LG Chem）的市场份额为9%，位列第三。GS汤浅、比亚迪和其他品牌的共同市场占比为25%。

材料方面，锂离子电池继续扩大领先优势，镍氢电池紧随其后。2014年第一季度，锂离子电池在1.4百万千瓦·时的需求量中占据了68%，镍氢电池占据了

28%，下一代固态电池仅占不到1%。

该机构的分析师Cosmin Laslau表示，即使电动汽车销量不到汽车销量的1%，松下和NEC等电池公司也能获得巨大的利润。对电池厂商来说，电动汽车动力传动系统最有利可图。混合动力汽车市场规模很大，例如丰田普锐斯是日本和美国加利福尼亚州的畅销车，其小型电池组的能量存储需求比纯电动汽车少得多。2014年第一季度，混合动力汽车的电池需求为481兆瓦·时，而纯电动汽车的电池需求为774兆瓦·时。汽车行业原始设备生产商（OEM）的需求方面，混动巨头丰田为28%，特斯拉为24%，雷诺日产为21%。

松下、特斯拉打头阵

松下稳坐全球第一宝座与特斯拉的成功密不可分。2012年中期，特斯拉Model S电动汽车开始批量生产，自此松下的电池市场份额开始暴涨。据悉，从2010年双方开始合作的4年来，松下已为特斯拉提供了超过20亿块锂电池电芯元件。

据特斯拉2016年3月公布的财报显示，2016年第一季度Model S的总产量为7535辆。电池供应不足始终是限制产能的原因，CEO艾伦·马斯克（Elon Musk）于2016年2月提出了投资50亿美元建造超级电池厂（Gigafactory）的计划。他在财报后的电话会议中也曾表示，特斯拉已与松下电器签署合作意向书，二者将共同完成超级电池厂项目，提高锂电池生产力。据了解，该合作预计最终在5月底签署，不过因为松下考虑到潜在投资风险，因此松下是否能够最终参与这一项目仍存有一定变数。如果成功签约，松下将因此获得巨大利润。

第二军团

乐金化学公司（LG Chem）和NEC公司并非单一品牌供应商，二者的电池市场份额分别为9%和27%，多个品牌和车型都对其市场份额产生了影响。

乐金化学电池的采购方包括雷诺、通用汽车和福特汽车公司等。雷诺ZOE电动汽车对乐金化学的市场份额贡献最大，但是，目前雷诺ZOE的销量较2015年同期有所下降，加上雪佛兰沃蓝达（Volt）的销量平平，导致乐金化学正在失去一些市场份额。福特福克斯电动版和雷诺TWIZY使用的也是乐金化学的电池，这两款车的销量一直维持在较低水平。

NEC公司与日产聆风（LEAF）的销售增长都很稳定。根据日产的资料显示，聆风的全球销量已突破10万辆大关，目前在全球电动车市场中的占有率高达45%，成为史上最热销的纯电动车。NEC也因此成为排在松下之后的全球第二大电池企业。除日产外，雷诺Kangoo Z.E.和雷诺Fluence Z.E使用的也是NEC的电池，这两款车型在欧洲的销量保持稳定。

GS汤浅/锂能源日本（GS Yuasa/Lithium Energy Japan）的电池市场份额在2013年年初开始下降，作为三菱欧蓝德插电式混合动力汽车（Outlander PHEV）的电池供应商，其质量问题引发了三菱汽车公司（Mitsubishi）三度召回该车型，首次召回就发生在2013年4月。

2012年11月底三菱在日本开始预售欧蓝德插电式混合动力车，2013年4月，三菱汽车在日本宣布召回首批生产的3839辆车并暂时停产，原因是2012年12月导入的电池生产线，在生产操作时施加过大冲击，导致一部分金属部件变形引起电池内部短路，而在生产线的过滤程序中，电池单元的内部发生了改变，同时电池在电流过大的情况下产生了一些微小污染物。同年6月，三菱汽车再次宣布在日本召回4313辆欧蓝德PHEV，原因是部分车型的锂电池存在发热隐患。2015年4月，三菱汽车又宣布将在日本召回6517辆欧蓝德PHEV，以修复电池软件故障。

由于安全检查，三菱的电池工厂关闭了整整5个月，直至2013年8月才恢复生产。目前，三菱欧蓝德插电式混合动力汽车在欧洲国家，特别是荷兰的销量较高，2016年前2个月的累计销量达到了576台。GS汤浅/锂能源日本的市场份额因此有所回升。

比亚迪未来可期

由于中国电动大巴的大额订单和插电式混合动力汽车秦的热销，导致比亚迪电池市场份额不断增长。

2014年3月，中国新能源客车共生产1517辆，其中纯电动客车547辆，而比亚迪就生产了312辆，超过行业总产量的一半。秦2015年1～4月累计销售3294辆，目前处于供不应求的状态，未交货订单已达7000多辆。比亚迪电池厂主管新能源汽车项目的经理殷觉琳向第一电动网记者表示，由于电池产能紧张，秦每月的产能约为800辆，目前正在进行电池扩产建设，年内建成后秦的产能将提升到2000辆/月。

此外，比亚迪北美总经理李珂2015年5月4日在巴菲特股东大会中国投资人酒会上透露了电池产能扩张计划，她表示，年产6.5百万千瓦·时的电池厂也许将在2016年年底或2017年年初建成，到2015年年底电池年产能或将扩大到10～15百万千瓦·时。

如果15百万千瓦·时的产能一旦实现，意味着比亚迪将有能力与松下一较高低。

相关链接》

电池大王背后的技术优势——比亚迪工厂揭秘

作为全球新能源汽车的领导者，比亚迪在电动车领域动作频频。

来到比亚迪总部深圳市坪山工业园区，一进大门便是接待厅，墙上背景有着让人为之一亮的BYD logo，在logo的两边分别还有两幅地图，左边是中国地图，右边是世界地图。主要描绘了比亚迪在全世界及中国的战略部署以及各个工业园的布局。在logo的下方还有一个展示台，我们可以看到展示台上分别标注了中国各个地方的地名，意味着比亚迪在中国的工业园的部署标志。

在接待厅的左侧，蓝色的背景墙面上还有八个显眼的大字。“技术为王，创新为本”这八个大字也代表着比亚迪一直秉承“技术为王，创新为本”的发展理念，拥有庞大的研发团队，非常注重技术的开发和创新。

比亚迪在全力建设具有国际竞争力企业的同时，把关心社会建设和积极参与公益事业作为履行社会责任的重要内容和具体体现，始终关注和支持社会公益事业。

自2003年以来，比亚迪一度保持了连续5年超过100%的高增长，成为国内成长最快、最具创新力的新锐汽车品牌之一。在收购西安秦川汽车有限责任公司后，比亚迪也开始实施垂直整合发展战略，即全面整合自身在IT和电子部件领域的优势，从配置的电子化和动力的电动化两个方面全面超越竞争对手，加上近些年国家重点扶持的新能源、节能等几个方面，从而全面提升产品的品质，打造更好、更高、更强的品牌形象。

近年来随着工业的快速发展，各种手机、平板也快速发展。相对于手机、平板提供能源的电池也是不例外地得到快速发展与研发，而比亚迪的锂电池具有惊人的抗高温性能，同时还具备安全与稳定性。

比亚迪的锂电池在温度达到700摄氏度的情况下结构也还能稳定运行使用，这种锂电池现今被广泛运用在手机与平板电脑上面。

当今全球同样面临着资源短缺，同时，汽车尾气给环境带来的污染也越来越严重。全球各大汽车企业不断推出自己的新能源动力车，比如天然气、氢能源、燃料电池等。而比亚迪研发了在目前的燃料电池技术中的一种新的电池技术——铁电池技术。铁电池是一种以合成稳定的高铁酸盐（K_2FeO_4、$BaFeO_4$等）作为高铁电池的正极材料制作的新型化学电池；而锂铁电池主要是磷酸铁锂电池，与其他一次电池（俗称干电池，是放电后不能再充电使其复原的电池）相比，具有放电平稳、无污染、安全、性能优良等优势。

在普通网民的印象中，比亚迪除了是上市公司外，它目前最让外界所熟知的就是他们所倡导的新能源汽车领军者的身份。在目前中国汽车行业的布局中，大部分消费者对国内汽车自主品牌仍持怀疑态度，更别说需要更高技术含量的新能源汽车了。然而，我有机会深入探访比亚迪位于惠州与深圳的技术产业基地，第一次见识到了比亚迪雄厚的技术实力以及它的产业布局。更重要的是，比亚迪不仅仅是一个汽车制造者，更是热衷于玩弄技术的IT玩家。

电池大王背后的技术优势

如果说，特斯拉是汽车业的苹果，那么比亚迪可不可以是中国汽车业的苹果？

带着这个问题，我来到了比亚迪位于惠州的储能电池生产厂。据工作人员介绍，这个电池生产厂从未对外真正开放过，里面包括研发、生产以及各种测试的实验室都达到行业内的领先水平，这其中大部分技术都是比亚迪自主研发的。工厂不允许拍照，工厂的安保也是格外严格，如此具有神秘色彩的工厂，怪不得人们总是不经意会忘记，比亚迪原本就是做电池起家的，其掌舵者王传福，便是学电池专业出身。据悉，比亚迪目前是全球最大的充电电池厂商，镍电池销量居全球市场份额第一；手机用锂电池销量居全球市场份额第一；铁电池技术也具有一定的领先优势。

在电动车的技术路径中，锂电池的选择非常重要。但在专家看来，现有的锂电池都不是最理想的电动车电池。据工作人员介绍，在比亚迪电动车的技术路径选择中，锂电池的选择是非常重要的一环。目前主要有三种锂电池：钴酸锂电池、锰酸锂电池和磷酸铁锂电池。锰酸锂电池的分解温度高于钴酸锂电池，但在50摄氏度环境下，正极的锰会溶解进电解液，电池寿命会大幅缩减。丰田普锐斯等日系电动车均选用钴酸锂电池，这也是很多普锐斯车主对电池寿命不满的主要原因。

该工厂的项目经理说，磷酸铁锂电池是上述三种锂电池中稳定性最好的一种，在600摄氏度高温下结构依然稳定且不会释放氧气，也是上述三种电池中寿命最长的。该经理表示，这个结论是比亚迪在进行10000次的充放电循环之后得出的，比亚迪发现电池仍可以保持70%以上的电能容量。但其电能量密度则是最差的，为100～110瓦·时/千克。从电池寿命和电池性能来看，这是最适合做电动车的电池材料。

一份2013年年初的研究报告显示，特斯拉钴酸锂电池能量密度达到170瓦·时/千克，而比亚迪F3DM混合动力车的数据为90瓦·时/千克，二者性能相差近1倍。而比亚迪的项目经理介绍："随着生产设备和工艺的提高，我们磷酸铁锂电池的能量密度目前已经逐渐提升到了135瓦·时/千克。与此同时，磷酸铁锂电池一致性也明显提高，目前我们可以做到30毫安的均衡电流。"

目前该工厂电池生产周期为32天左右，在整个制造流程中，储电和放电就需要经过两次反复的过程。值得一提的是工厂的测试实验室，包括撞击测试、炉温测试、短路测试、过充测试、过放测试、自放电测试等，几乎行业内所有的测试这里都一应俱全。

零部件制造自给自足

在比亚迪销售公司副总经理李云飞看来，在中国没有哪家企业比比亚迪更适合做新能源汽车，它的骄傲就来自电动车所需要的核心零部件都为比亚迪自家生产的。目前，比亚迪共有内部配套工厂44家、配套零部件企业845家。

在比亚迪发动机坪山工厂，这里运转的机器正在马不停蹄地生产着比亚迪的汽油车发动机以及电机搭载发动机，比亚迪最新混动汽车秦所搭载的高性能大功率驱动电机便出自这家工厂。

据介绍，该电机整体结构紧凑，空间尺寸相较于同参数电机减小了50%，电机定转子质量只有28千克，电机功率质量比可达到3.9千瓦·时/千克，同时有效提升了电机效率94%的覆盖范围，拓宽了制动回馈的高效区，使整车节能更加有效。据数据显示，比亚迪秦电机最高转速可达12000转/分，在混合动力模式下，能爆发出250牛·米的最大扭矩。

在2012版的《汽车蓝皮书》中提及："零部件行业依然是国内汽车工业的短板。关键零部件少、产品附加值低、核心技术缺乏的问题，制约了中国汽车产业整体竞争力的提高。"目前，车企普遍实施研发外包，90%的技术更新都依靠零部件。

而在比亚迪，这显然并不是太大的问题。比亚迪自己生产了比初期规划多得多的汽车零部件，大到车体铸件、中控模具，小到仪表和行车电脑显示屏。虽然比亚迪没有公开说明过自己汽车的零部件有多大的比率属于集团内提供，但是从细微处可知全貌，据称连比亚迪汽车后视镜上的不到10元的电子指向装置也是自己生产的。

比亚迪汽车未来将实现自定制化

2015年比亚迪思锐上市时，其超高科技含量的技术配置让业界誉为"逆天"。当人们还沉浸在无人驾驶的未来想象中时，比亚迪已经将远程遥控、无钥匙驱动、手机寻车、云服务后台等落实在了一款仅仅售价15万元左右的自主品牌车上。

车联网是近两年的热词，是各大车企和互联网公司热炒的话题。现在各大科技展上，不摆一台拥有车联网技术的车，这个展简直就没有档次了。而对于比亚迪来说，这个趋势简直就是它的使命，作为比亚迪三大产业群之一的IT产业，使比亚迪在汽车电子时代具有先天优势，用比亚迪工程师的话说："我们玩得天经地义。"

就像好莱坞《碟中谍》影片中一样，通过一层又一层的安全门，我来到了传说中的比亚迪汽车电子实验室。这里展示的展品都是比亚迪技术精英们所创造的各种各样的零部件，然而令我印象深刻的还是比亚迪的这些IT技术工程师们。

比亚迪汽车电子事业部总监谢平生在介绍比亚迪的IT技术时，时常都会用到"玩"这个字。对于比亚迪的IT精英们来说，这些奇形怪状的零部件可以有各种各样的玩法，也可以创造出各种各样的可能性。

例如，一个小小的汽车钥匙，却区别于常规汽车钥匙的驱动——比亚迪的工程师偏偏要在最常规的东西上花心思动手脚。你可以用手机密码驱动，可以用手表驱动，你甚至可以用皮带、纽扣驱动，只要你想得到，比亚迪就帮你实现。

谢平生说，目前比亚迪汽车所搭载的多媒体控制平台、操控系统、电池管理系统、车内空气控制系统、无缝摄像头控制系统等，几乎所有的代码都出自比亚迪自有技术。因此，未来比亚迪汽车不仅仅是一辆汽车，它可以是一个移动终端，它甚至有条件完全实现消费者自己定制化，需要什么样的功能，比亚迪都能够为消费者自定义实现。

“就像一部苹果手机一样，需要什么软件自行下载，还可以提供各种增值服务。”说这句话的同时，谢平生脸上流露出顽皮的笑容。

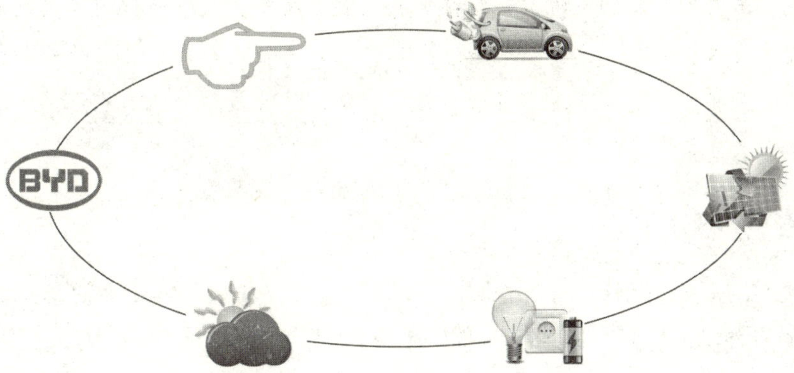

第五章 汽车的解读

导言：

在王传福购买了即将倒闭的秦川汽车厂时，很多人都嘲笑他：“一个造电池的，还想造车？”而王传福只说了一句话：“一辆价值百万元的汽车，在我眼里不过是一堆钢铁。”

第一节　探索与起步

秦川汽车厂

陕西的秦川汽车厂（以下简称“秦川”）原是中国兵器工业总公司旗下的一家军工企业，曾是中国四家引进铃木奥拓项目的汽车厂之一。但是，由于重庆长安生产的长安奥拓逐渐在市场上确立了主导地位，秦川不得不另谋出路。

后来，秦川生产了一台使用奥拓底盘、车身和内饰重新设计过的新车福莱尔。而福莱尔的动力系统也是仿制铃木发动机的淮海HH368Q发动机。

比亚迪收购秦川

2003年，比亚迪收购了秦川汽车厂，正式成立比亚迪汽车。据了解，比亚迪控股秦川的主要目的是通过收购小型车企业，开发电动车电池，欲以此入股国内一家电动车制造厂，并配合该制造厂开发电动车二次充电电池。

比亚迪汽车官网首页截图

比亚迪收购秦川引发了比亚迪股价下跌20%，说明持股人对此举措的担心。事实上，这种担心绝非杞人忧天：2002年秦川福莱尔销售1.7万多辆，收入7亿元，利润仅78万元。比亚迪掌门人王传福表示，秦川在2003年6～7月将有4款新车下线，全年产量约可达到3万辆，盈利将达到3000万元。

成功进军汽车行业

福莱尔成了比亚迪的第一台汽车。但是，比亚迪并没有对福莱尔进行革新，实际上也没有期望福莱尔给比亚迪带来发展。那么，比亚迪收购秦川的目的是什么呢？

比亚迪只是凭借秦川打入汽车生产领域，而福莱尔起到了热身作用。

2005年，比亚迪F3上市。虽然F3的“花冠头，飞度尾”造型饱受争议，但这款车缔造了中国轿车市场的一个销售神话。至此，比亚迪真正从电池生产企业变成汽车生产企业。

比亚迪F3

“比亚迪—福莱尔”效应

比亚迪收购秦川后形成了“比亚迪—福莱尔”效应，其优势如下页图所示。

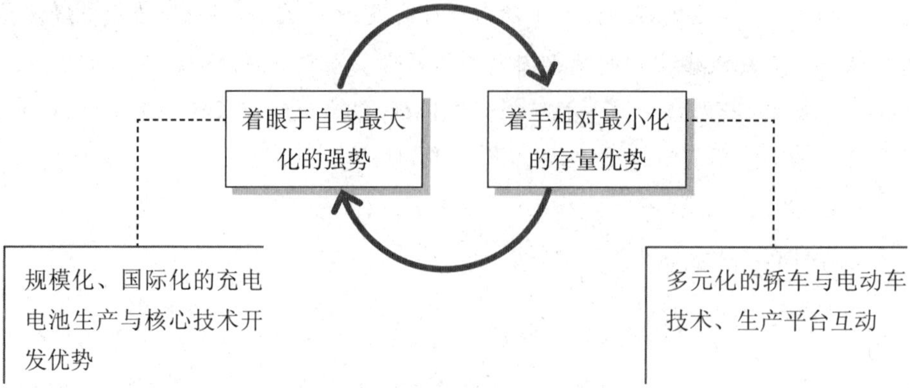

“比亚迪—福莱尔”效应

相关链接

比亚迪创始人王传福：“造车狂人”的人生“过山车”

2011年9月9日，比亚迪召开2011年第一次临时股东大会，王传福首次对外宣布比亚迪汽车策略失误：“比亚迪2009年就犯下错误，现在的裁员和调整是为过去的错误买单。从今年（2011年）起比亚迪进入调整年，这个调整一是为了优化管理团队和经销商网络，二是加强品牌设计。”王传福给出的调整期限是到2013年。在3年调整期中，比亚迪的每一款新车测试出来后，王传福都是它们的首位车主。

经过3年时间的调整和储备之后，比亚迪似乎在2014年一开始就抓住了市场机遇。据比亚迪发布的年报显示，其2013年实现营业收入528.63亿元，同比增长12.83%；归属于上市公司股东的净利润为5.53亿元，同比增长579.63%；基本每股收益0.23元。同时，2013年比亚迪获得的政府补助达6.77亿元，较前两年的5.5亿元与3.01亿元有大幅提升。但扣除非经常性损益后，2013年比亚迪亏损5693万元，相比2012年的4.8亿元亏损，已大幅缩窄88.23%。

具体到各业务板块，比亚迪2013年汽车业务仍为最大收益板块，实现收入约270.16亿元，同比增长9.62%。比亚迪汽车有限公司净利润同比2013年的1.5亿元增长39.38%，主要是国内汽车市场需求稳步恢复，汽车销量同比有所上升以及收到政府对节能汽车生产的扶持奖励增加所致；手机部件及组装业务实现收入约198.68亿元，同比增长13.71%；二次充电电池及新能源业务实现收入约53.23亿元，同比增长12.39%。

尽管王传福曾多次表示，比亚迪进军传统能源汽车领域，一是积累造车经验，二是通过造传统能源汽车赚钱，为研发制造电动汽车筹集资金，却也难免被人怀疑是否打着新能源汽车幌子只为了搞传统能源汽车。2013年以来，随着中国新能源汽车的发展打开了缺口，比亚迪以抢占行业转型制高点的优势得以拔得头筹，也逐渐证明王传福造新能源车并不只是个噱头。

据比亚迪数据显示，2013年新能源汽车销量约占整体销量的1%～2%，尽管占比仍小，但与全行业数据一比还是领先不少。据中国汽车工业协会1月公布的数据显示，2013年新能源汽车的产销量为17533辆和17642辆，不足汽车总销量的2‰。而这些新能源汽车中，八成左右为公交车，私人购车数量仅为数千辆。

根据全国乘用车市场信息联席会发布的数据，2014年2月，2013年12月刚上市的比亚迪秦以834辆的销量夺得新能源车细分市场的冠军，在此之前，尚未有任何新能源汽车在中国市场取得过这样的销量。然而，比亚迪内部人士认为与2000台销量目标相比“仍是太少”，依然有不少上升空间。

比亚迪公关部负责人表示，在2014年4月的北京车展上他们有SUVS7以及与戴姆勒合作的腾势电动车上市，2014年年底也会有1～2款新车上市。腾势是独立品牌，2014年公司将会主推S7与秦。

同时向公交车与私人车领域发起攻势是王传福发展新能源的战略。王传福在接受媒体采访时表示：“比亚迪的主要战略一直在电动车这块业务上，通过实现公交电动化和私人车双模化的战略，比亚迪有望在2014年迎来一轮新的爆发期。”

如同年报中所呈现的，比亚迪每年能接收到多地政府提供的补助，而这些地方政府正是比亚迪新的生产基地或研发基地所在地。对此，王传福在此前接受《时代周报》采访时表示：“比亚迪2014年在全国推行公交电动化的战略，公交涉及很多地方政府保护色彩，因为这是长期以来形成的，很难被打破，所以可能需要一些必要的投资才能换取市场。2014年比亚迪可能会在一些新的地区进行投资。”

最新的合作消息是比亚迪即将与广汽合作，合资成立新能源客车公司。该项目将落地广州等城市，主要研发电动公交客车，预计将于2014年年底投放市场。到2015年，广东将投入5.5万辆，其中广州投入1万辆。

第二节　业务与发展

DM双模电动车

DM为Dual Mode的缩写。DM双模电动车采用电动车系统和混合动力系统，是一种将控制发电机和电动机两种混合力量相结合的先进技术，不仅降低了油耗及排放，更极大地提高了动力和操纵性能，实现了既可充电，又可加油的多种能量补充方式，实现了真正意义上的双动力混合系统。

比亚迪DM双模电动汽车这种系统将会取代单一的混合动力系统，成为世界上最主流的新能源汽车系统。

新能源汽车

纯电动车e6

e6先行者搭载比亚迪自主研发的铁电池，是全球首款采用铁电池为动力的纯电动汽车。动力能源转化率高达90%，远高于传统燃油车。其特点如下图所示。

e6的特点

动力强劲，最大功率为90千瓦，最大扭矩为450牛·米。在不开空调的情况下，综合工况续驶里程最长达300公里

百公里能耗仅19.5度电，费用仅为燃油车的1/4

铁电池使用寿命长，循环充电10000次后，仍有70%的容量

e6的特点

e6海报

相关链接

比亚迪出海

1. 比亚迪挺进欧洲市场，获得最大订单

2014 年10月15日，比利时布鲁塞尔最大的士公司之一的Taxis Bleus购入34辆比亚迪e6电动车并投入使用，来自中国的优秀汽车品牌开始为欧盟总部所在地提供“绿色”公交服务。这是截至当时比亚迪在欧洲获得的最大订单。Taxis Bleus的首席执行官鲁吉·马洛克（Luigi Marrocco）称：“相比于中国的汽车制造商，

我当然更加倾向于欧系品牌，但是当你理性地去考量新车的内部空间、舒适程度以及续驶里程时，比亚迪所能提供的产品显然要优于雷诺和日产。”比亚迪已经用过硬的技术同世界汽车巨头在欧洲这个传统市场上演了“诺曼底登陆”，最长的一日开始了。

2. 比亚迪在世界各地投资建厂，布局全球产业转型

比亚迪正在加快“走出去”的步伐，不仅在中东和非洲加快投资建厂，在北美洲、南美洲也在推进投资，不断扩充全球布局的版图。继在美国成立铁电池及电动大巴工厂之后，比亚迪又计划在巴西投资1亿美元，兴建工厂投产电动巴士，这是比亚迪迄今在海外规模最大的投资项目。通过“走出去”，比亚迪将产业链布局全球，占领世界汽车行业的制高点，实现从“Made in China”到“Created in China ”的超越转变。

K9纯电动客车

作为比亚迪首款纯电动客车，K9纯电动客车是一款零排放、零污染、低噪声的新能源车。K9纯电动客车搭载了多项比亚迪自主研发的先进技术。车载动力为公司自主生产的铁电池，行驶过程中完全无污染；电池更新时所含的化学物质均可回收，是绿色环保电池；车顶安装太阳能电池板，在行驶过程中可提供辅助续航动力；底盘配置电子控制空气悬架，运行过程中噪声小；同时，仪表台装配有行车电脑，行车所需各种信息集中显示，一目了然。另外，整车搭载了轮边驱动总成及控制系统，其动力强劲、行驶里程长，是国内规模化成功运行的城市纯电动客车，已在深圳、韶关、长沙、西安、洛杉矶等国内外地区成功运行。

K9 纯电动客车

相关链接 》

比亚迪喜摘新能源车首个中国专利金奖

2015年10月27日，第十七届中国专利奖评审结果公示揭晓，比亚迪股份有限公司的混合动力专利技术获得中国专利金奖，这是汽车厂商首次在新能源领域获此殊荣。此外，比亚迪还有三项专利获得中国专利优秀奖：秦外观设计专利、电动汽车电池专利技术、储能系统专利技术。

比亚迪获得的中国专利奖

序号	授奖名称	专利号	专利名称
1	中国专利金奖	ZL200810185950.0	一种混合动力驱动系统及采用该系统的汽车
2	中国专利优秀奖	ZL201010581609.4	一种电池模组
3	中国专利优秀奖	ZL201230059657.7	整车（秦整车外观）
4	中国专利优秀奖	ZL200910136165.0	一种用于平衡电网负荷的电池储能电站

比亚迪新能源车在驱动系统、动力电池、整车外观及其他新能源技术领域同获大奖，显示比亚迪在新能源汽车领域的全球专利布局已经开始发力，更彰显出比亚迪“中国新能源汽车引领者”的地位。

注：中国专利奖是由国家知识产权局设立的政府部门奖，是我国唯一针对已授予专利权的发明创造给予的奖励。该奖项为联合国世界知识产权组织（WIPO）所认可，在国际上具有较大影响，代表着中国自主创新的最高水准。

附：第十七届中国专利奖评审结果公示

根据《中国专利奖评奖办法》，第十七届中国专利奖共评选出中国专利金奖预获奖项目20项，中国外观设计金奖预获奖项目5项，中国专利优秀奖预获奖项目507项，中国外观设计优秀奖预获奖项目57项，现予以公示，公示期为2015年10月20～26日。有异议者请于公示期间以传真或电子邮件方式向中国专利奖评审办公室提出，并留下联系地址、邮编、电话及电子邮箱；单位反映情况需加盖公章，个人反映情况需签署真实姓名。

中国专利奖评审办公室

2015年10月20日

传 真：（略）

电子邮箱：（略）

附：第十七届中国专利金奖预获奖项目（节选）

第十七届中国专利金奖预获奖项目（节选）

序号	专利号	专利名称	专利权人	发明人
1	ZL02109422.5	一种重质油及渣油加氢转化催化剂及其制备方法	中国石油化工股份有限公司、中国石油化工股份有限公司抚顺石油化工研究院	袁胜华、苏晓波、张皓、方维平、付泽民、段日
2	ZL03111541.1	含二氮杂萘酮联苯结构聚芳醚腈砜及其制备方法	大连理工大学、大连宝力摩新材料有限公司	蹇锡高、李琦、王明晶、蹇峥

（续表）

序号	专利号	专利名称	专利权人	发明人
3	ZL03125346.6	蒽醌衍生物作为防治植物病害农药的应用	湖北省农业科学院植保土肥研究所	喻大昭、杨小军、倪汉文、杨立军、王少南、赵永玉、张汉亦
4	ZL200510109483.X	一种绑定即时通信识别码与无线通信识别码的方法	腾讯科技（深圳）有限公司	吴宵光、陈泱、黄业钧、马化腾、曾李青
5	ZL200610063151.7	氯吡格雷硫酸盐的固体制剂及其制备方法	深圳信立泰药业股份有限公司	叶澄海
6	ZL200710185202.8	一种太阳能电池背板及其制备方法	中国乐凯集团有限公司	李刚、刘天人、张学建、邹竞
7	ZL200810094545.8	一种物理上行控制信道干扰随机化的方法	中兴通讯股份有限公司	夏树强、梁春丽、戴博、郝鹏
8	ZL200810185950.0	一种混合动力驱动系统及采用该系统的汽车	比亚迪股份有限公司	罗红斌、周旭光、汤小华、张鑫鑫、罗霆
9	ZL200820075944.5	深水抛石整平船	中交第一航务工程局有限公司、中交一航局第二工程有限公司、中交一航局第五工程有限公司	李一勇、李增军、岳铭滨、刘德进、陆连洲、武岗松
10	ZL200910007625.X	一种环冷机台车	中冶长天国际工程有限责任公司	高德亮、戴传德、刘相佩
11	ZL200910155215.X	一种三维双极型高功率铅蓄电池	超威电源有限公司	刘孝伟、周明明、周龙瑞、陈体衔

相关链接 》》

关于免征新能源汽车车辆购置税的公告

为促进我国交通能源战略转型、推进生态文明建设、支持新能源汽车产业发展，经国务院批准，现将免征新能源汽车车辆购置税有关事项公告如下：

一、自2014年9月1日至2017年12月31日，对购置的新能源汽车免征车辆购置税。

二、对免征车辆购置税的新能源汽车，由工业和信息化部、国家税务总局通过发布《免征车辆购置税的新能源汽车车型目录》（以下简称《目录》）实施管理。

（一）列入《目录》的新能源汽车须同时符合以下条件：

1. 获得许可在中国境内销售的纯电动汽车、插电式（含增程式）混合动力汽车、燃料电池汽车。

2. 使用的动力电池不包括铅酸电池。

3. 纯电动续驶里程须符合附件1要求。

4. 插电式混合动力乘用车综合燃料消耗量（不含电能转化的燃料消耗量）与现行的常规燃料消耗量国家标准中对应目标值相比小于60%；插电式混合动力商用车综合燃料消耗量（不含电能转化的燃料消耗量）与现行的常规燃料消耗量国家标准中对应限值相比小于60%。

5. 通过新能源汽车专项检测，符合新能源汽车标准要求。具体要求见附件2。

（二）汽车生产企业或进口汽车经销商（以下简称“企业”）向工业和信息化部提交《目录》申请报告。具体要求见附件3。

提出申请的企业须同时符合以下条件：

1. 生产或进口符合列入《目录》条件的新能源汽车。

2. 对新能源汽车动力电池、电机、电控等关键零部件提供不低于5年或10万公里（以先到者为准）质保。

3. 有较强的售后服务保障能力。

（三）工业和信息化部会同国家税务总局等部门，对企业提交的申请材料进行审查；通过审查的车型列入《目录》，由工业和信息化部、国家税务总局发布。

自《目录》发布之日起，购置列入《目录》的新能源汽车免征车辆购置税；

购置时间为机动车销售统一发票（或有效凭证）上注明的日期。

（四）财政部、国家税务总局、工业和信息化部等部门将适时组织开展《目录》车型专项检查。企业对申报材料的真实性和产品质量负责。对产品与申报材料不符，产品性能指标未达到要求，或者提供其他虚假信息骗取列入《目录》车型资格的企业，取消该申报车型享受免征车辆购置税政策资格，并依照相关规定予以处理。

（五）财政部、国家税务总局、工业和信息化部将根据我国新能源汽车标准体系发展、技术进步和车型变化，适时修订、调整列入《目录》车型的条件。

三、工业和信息化部根据《目录》确定免征车辆购置税的车辆，税务机关据此办理免税手续。

（一）标注免税标识。

1. 工业和信息化部在机动车合格证电子信息中增加“是否列入《免征车辆购置税的新能源汽车车型目录》”字段。

2. 对列入《目录》的新能源汽车，企业上传机动车整车出厂合格证信息时，在“是否列入《免征车辆购置税的新能源汽车车型目录》”字段标注“是”，即免税标识。

3. 工业和信息化部对企业上传的机动车整车出厂合格证信息中的免税标识进行审核，并将通过审核的信息传送给国家税务总局。

（二）税务机关依据工业和信息化部传送的车辆合格证电子信息中的免税标识，办理免税手续。

附件：1. 新能源汽车纯电动续驶里程要求（略）

2. 新能源汽车产品专项检查标准目录（略）

3.《免征车辆购置税的新能源汽车车型目录》申请报告（略）

财政部　国家税务总局　工业和信息化部

2014年8月1日

相关链接 》

节能与新能源汽车产业发展规划（2012—2020年）

汽车产业是国民经济的重要支柱产业，在国民经济和社会发展中发挥着重要作用。随着我国经济持续快速发展和城镇化进程加速推进，今后较长一段时期汽车需求量仍将保持增长势头，由此带来的能源紧张和环境污染问题将更加突出。加快培育和发展节能汽车与新能源汽车，既是有效缓解能源和环境压力，推动汽车产业可持续发展的紧迫任务，也是加快汽车产业转型升级、培育新的经济增长点和国际竞争优势的战略举措。为落实国务院关于发展战略性新兴产业和加强节能减排工作的决策部署，加快培育和发展节能与新能源汽车产业，特制定本规划。规划期为2012—2020年。

一、发展现状及面临的形势

新能源汽车是指采用新型动力系统，完全或主要依靠新型能源驱动的汽车，本规划所指新能源汽车主要包括纯电动汽车、插电式混合动力汽车及燃料电池汽车。节能汽车是指以内燃机为主要动力系统，综合工况燃料消耗量优于下一阶段目标值的汽车。发展节能与新能源汽车是降低汽车燃料消耗量，缓解燃油供求矛盾，减少尾气排放，改善大气环境，促进汽车产业技术进步和优化升级的重要举措。

我国新能源汽车经过近10年的研究开发和示范运行，基本具备产业化发展基础，电池、电机、电子控制和系统集成等关键技术取得重大进步，纯电动汽车和插电式混合动力汽车开始小规模投放市场。近年来，汽车节能技术推广应用也取得积极进展，通过实施乘用车燃料消耗量限值标准和鼓励购买小排量汽车的财税政策等措施，先进内燃机、高效变速器、轻量化材料、整车优化设计以及混合动力等节能技术和产品得到大力推广，汽车平均燃料消耗量明显降低；天然气等替代燃料汽车技术基本成熟并初步实现产业化，形成了一定市场规模。但总体上看，我国新能源汽车整车和部分核心零部件关键技术尚未突破，产品成本高，社会配套体系不完善，产业化和市场化发展受到制约；汽车节能关键核心技术尚未完全掌握，燃料经济性与国际先进水平相比还有一定差距，节能型小排量汽车市场占有率偏低。

为应对日益突出的燃油供求矛盾和环境污染问题，世界主要汽车生产国纷纷加快部署，将发展新能源汽车作为国家战略，加快推进技术研发和产业化，同时大力发展和推广应用汽车节能技术。节能与新能源汽车已成为国际汽车产业的发展方向，未来10年将迎来全球汽车产业转型升级的重要战略机遇期。目前我国汽车产销规模已居世界首位，预计在未来一段时期仍将持续增长，必须抓住机遇、抓紧部署，加快培育和发展节能与新能源汽车产业，促进汽车产业优化升级，实现由汽车工业大国向汽车工业强国转变。

二、指导思想和基本原则

（一）指导思想。

以邓小平理论和“三个代表”重要思想为指导，深入贯彻落实科学发展观，把培育和发展节能与新能源汽车产业作为加快转变经济发展方式的一项重要任务，立足国情，依托产业基础，按照市场主导、创新驱动、重点突破、协调发展的要求，发挥企业主体作用，加大政策扶持力度，营造良好发展环境，提高节能与新能源汽车创新能力和产业化水平，推动汽车产业优化升级，增强汽车工业的整体竞争能力。

（二）基本原则。

坚持产业转型与技术进步相结合。加快培育和发展新能源汽车产业，推动汽车动力系统电动化转型。坚持统筹兼顾，在培育发展新能源汽车产业的同时，大力推广普及节能汽车，促进汽车产业技术升级。

坚持自主创新与开放合作相结合。加强创新发展，把技术创新作为推动我国节能与新能源汽车产业发展的主要驱动力，加快形成具有自主知识产权的技术、标准和品牌。充分利用全球创新资源，深层次开展国际科技合作与交流，探索合作新模式。

坚持政府引导与市场驱动相结合。在产业培育期，积极发挥规划引导和政策激励作用，聚集科技和产业资源，鼓励节能与新能源汽车的开发生产，引导市场消费。进入产业成熟期后，充分发挥市场对产业发展的驱动作用和配置资源的基础作用，营造良好的市场环境，促进节能与新能源汽车大规模商业化应用。

坚持培育产业与加强配套相结合。以整车为龙头，培育并带动动力电池、电机、汽车电子、先进内燃机、高效变速器等产业链加快发展。加快充电设施建设，促进充电设施与智能电网、新能源产业协调发展，做好市场营销、售后服务以及电池回收利用，形成完备的产业配套体系。

三、技术路线和主要目标

（一）技术路线。

以纯电驱动为新能源汽车发展和汽车工业转型的主要战略取向，当前重点推进纯电动汽车和插电式混合动力汽车产业化，推广普及非插电式混合动力汽车、节能内燃机汽车，提升我国汽车产业整体技术水平。

（二）主要目标。

1. 产业化取得重大进展。到2015年，纯电动汽车和插电式混合动力汽车累计产销量力争达到50万辆；到2020年，纯电动汽车和插电式混合动力汽车生产能力达到200万辆、累计产销量超过500万辆，燃料电池汽车、车用氢能源产业与国际同步发展。

2. 燃料经济性显著改善。到2015年，当年生产的乘用车平均燃料消耗量降至6.9升/百公里，节能型乘用车燃料消耗量降至5.9升/百公里以下。到2020年，当年生产的乘用车平均燃料消耗量降至5.0升/百公里，节能型乘用车燃料消耗量降至4.5升/百公里以下；商用车新车燃料消耗量接近国际先进水平。

3. 技术水平大幅提高。新能源汽车、动力电池及关键零部件技术整体上达到国际先进水平，掌握混合动力、先进内燃机、高效变速器、汽车电子和轻量化材料等汽车节能关键核心技术，形成一批具有较强竞争力的节能与新能源汽车企业。

4. 配套能力明显增强。关键零部件技术水平和生产规模基本满足国内市场需求。充电设施建设与新能源汽车产销规模相适应，满足重点区域内或城际间新能源汽车运行需要。

5. 管理制度较为完善。建立起有效的节能与新能源汽车企业和产品相关管理制度，构建市场营销、售后服务及动力电池回收利用体系，完善扶持政策，形成比较完备的技术标准和管理规范体系。

四、主要任务

（一）实施节能与新能源汽车技术创新工程。

增强技术创新能力是培育和发展节能与新能源汽车产业的中心环节，要强化企业在技术创新中的主体地位，引导创新要素向优势企业集聚，完善以企业为主体、市场为导向、产学研用相结合的技术创新体系，通过国家科技计划、专项等渠道加大支持力度，突破关键核心技术，提升产业竞争力。

1.加强新能源汽车关键核心技术研究。大力推进动力电池技术创新，重点开展动力电池系统安全性、可靠性研究和轻量化设计，加快研制动力电池正负极、隔膜、电解质等关键材料及其生产、控制与检测等装备，开发新型超级电容器及其与电池组合系统，推进动力电池及相关零配件、组合件的标准化和系列化；在动力电池重大基础和前沿技术领域超前部署，重点开展高比能动力电池新材料、新体系以及新结构、新工艺等研究，集中力量突破一批支撑长远发展的关键共性技术。加强新能源汽车关键零部件研发，重点支持驱动电机系统及核心材料，电动空调、电动转向、电动制动器等电动化附件的研发。开展燃料电池电堆、发动机及其关键材料核心技术研究。把握世界新能源汽车发展动向，对其他类型的新能源汽车技术加大研究力度。

到2015年，纯电动乘用车、插电式混合动力乘用车最高车速不低于100公里/时，纯电驱动模式下综合工况续驶里程分别不低于150公里和50公里；动力电池模块比能量达到150瓦·时/公斤以上，成本降至2元/（瓦·时）以下，循环使用寿命稳定达到2000次或10年以上；电驱动系统功率密度达到2.5千瓦/公斤以上，成本降至200元/千瓦以下。到2020年，动力电池模块比能量达到300瓦·时/公斤以上，成本降至1.5元/（瓦·时）以下。

2. 加大节能汽车技术研发力度。以大幅提高汽车燃料经济性水平为目标，积极推进汽车节能技术集成创新和引进消化吸收再创新。重点开展混合动力技术研究，开发混合动力专用发动机和机电耦合装置，支持开展柴油机高压共轨、汽油机缸内直喷、均质燃烧以及涡轮增压等高效内燃机技术和先进电子控制技术的研发；支持研制六挡及以上机械变速器、双离合器式自动变速器、商用车自动控制机械变速器；突破低阻零部件、轻量化材料与激光拼焊成型技术，大幅提高小排量发动机的技术水平。开展高效控制氮氧化物等污染物排放技术研究。

3. 加快建立节能与新能源汽车研发体系。引导企业加大节能与新能源汽车研发投入，鼓励建立跨行业的节能与新能源汽车技术发展联盟，加快建设共性技术平台。重点开展纯电动乘用车、插电式混合动力乘用车、混合动力商用车、燃料电池汽车等关键核心技术研发；建立相关行业共享的测试平台、产品开发数据库和专利数据库，实现资源共享；整合现有科技资源，建设若干国家级整车及零部件研究试验基地，构建完善的技术创新基础平台；建设若干具有国际先进水平的工程化平台，发展一批企业主导、科研机构和高等院校积极参与的产业技术创新联盟。推动企业实施商标品牌战略，加强知识产权的创造、运用、保护和管理，构建全产业链的专利体系，提升产业竞争能力。

（二）科学规划产业布局。

我国已建设形成完整的汽车产业体系，发展节能与新能源汽车既要利用好现有产业基础，也要充分发挥市场机制作用，加强规划引导，以提高发展效率。

1. 统筹发展新能源汽车整车生产能力。根据产业发展的实际需要和产业政策要求，合理发展新能源汽车整车生产能力。现有汽车企业实施改扩建时要统筹考虑建设新能源汽车产能。在产业发展过程中，要注意防止低水平盲目投资和重复建设。

2. 重点建设动力电池产业聚集区域。积极推进动力电池规模化生产，加快培育和发展一批具有持续创新能力的动力电池生产企业，力争形成2～3家产销规模超过百亿瓦·时、具有关键材料研发生产能力的龙头企业，并在正负极、隔膜、电解质等关键材料领域分别形成2～3家骨干生产企业。

3. 增强关键零部件研发生产能力。鼓励有关市场主体积极参与、加大投入力度，发展一批符合产业链聚集要求、具有较强技术创新能力的关键零部件企业，在驱动电机、高效变速器等领域分别培育2～3家骨干企业，支持发展整车企业参股、具有较强国际竞争力的专业化汽车电子企业。

（三）加快推广应用和试点示范。

新能源汽车尚处于产业化初期，需要加大政策支持力度，积极开展推广试点示范，加快培育市场，推动技术进步和产业发展。节能汽车已具备产业化基础，需要综合采用标准约束、财税支持等措施加以推广普及。

1. 扎实推进新能源汽车试点示范。在大中型城市扩大公共服务领域新能源汽车示范推广范围，开展私人购买新能源汽车补贴试点，重点在国家确定的试点城市集中开展新能源汽车产品性能验证及生产使用、售后服务、电池回收利用的综合评价。探索具有商业可行性的市场推广模式，协调发展充电设施，形成试点带动技术进步和产业发展的有效机制。

探索新能源汽车及电池租赁、充换电服务等多种商业模式，形成一批优质的新能源汽车服务企业。继续开展燃料电池汽车运行示范，提高燃料电池系统的可靠性和耐久性，带动氢的制备、储运和加注技术发展。

2. 大力推广普及节能汽车。建立完善的汽车节能管理制度，促进混合动力等各类先进节能技术的研发和应用，加快推广普及节能汽车。出台以企业平均燃料消耗量和分阶段目标值为基础的汽车燃料消耗量管理办法，2012年开始逐步对在中国境内销售的国产、进口汽车实施燃料消耗量管理，切实开展相关测试和评价考核工作，并提出2016—2020年汽车产品节能技术指标和年度要求。实施重型商用车燃料消耗量标示制度和氮氧化物等污染物排放公示制度。

3. 因地制宜发展替代燃料汽车。发展替代燃料汽车是减少车用燃油消耗的必要补充。积极开展车用替代燃料制造技术的研发和应用，鼓励天然气（包括液化天然气）、生物燃料等资源丰富的地区发展替代燃料汽车。探索其他替代燃料汽车技术应用途径，促进车用能源多元化发展。

（四）积极推进充电设施建设。

完善的充电设施是发展新能源汽车产业的重要保障。要科学规划，加强技术开发，探索有效的商业运营模式，积极推进充电设施建设，适应新能源汽车产业化发展的需要。

1. 制定总体发展规划。研究制定新能源汽车充电设施总体发展规划，支持各类适用技术发展，根据新能源汽车产业化进程积极推进充电设施建设。在产业发展初期，重点在试点城市建设充电设施。试点城市应按集约化利用土地、标准化施工建设、满足消费者需求的原则，将充电设施纳入城市综合交通运输体系规划和城市建设相关行业规划，科学确定建设规模和选址分布，适度超前建设，积极试行个人和公共停车位分散慢充等充电技术模式。通过总结试点经验，确定符合区域实际和新能源汽车特点的充电设施发展方向。

2. 开展充电设施关键技术研究。加快制定充电设施设计、建设、运行管理规范及相关技术标准，研究开发充电设施接网、监控、计量、计费设备和技术，开展车网融合技术研究和应用，探索新能源汽车作为移动式储能单元与电网实现能量和信息双向互动的机制。

3. 探索商业运营模式。试点城市应加大政府投入力度，积极吸引社会资金参与，根据当地电力供应和土地资源状况，因地制宜建设慢速充电桩、公共快速充换电等设施。鼓励成立独立运营的充换电企业，建立分时段充电定价机制，逐步实现充电设施建设和管理市场化、社会化。

（五）加强动力电池梯级利用和回收管理。

制定动力电池回收利用管理办法，建立动力电池梯级利用和回收管理体系，明确各相关方的责任、权利和义务。引导动力电池生产企业加强对废旧电池的回收利用，鼓励发展专业化的电池回收利用企业。严格设定动力电池回收利用企业的准入条件，明确动力电池收集、存储、运输、处理、再生利用及最终处置等各环节的技术标准和管理要求。加强监管，督促相关企业提高技术水平，严格落实各项环保规定，严防重金属污染。

五、保障措施

（一）完善标准体系和准入管理制度。

进一步完善新能源汽车准入管理制度和汽车产品公告制度，严格执行准入条件、认证要求。加强新能源汽车安全标准的研究与制定，根据应用示范和规模化发展需要，加快研究制定新能源汽车以及充电、加注技术和设施的相关标准。制定并实施分阶段的乘用车、轻型商用车和重型商用车燃料消耗量目标值标准。积极参与制定国际标准。2013年前，建立了与产业发展和能源规划相适应的节能与新能源汽车标准体系。

（二）加大财税政策支持力度。

中央财政安排资金，对实施节能与新能源汽车技术创新工程给予适当支持，引导企业在技术开发、工程化、标准制定、市场应用等环节加大投入力度，构建产学研用相结合的技术创新体系；对公共服务领域节能与新能源汽车示范、私人购买新能源汽车试点给予补贴，鼓励消费者购买使用节能汽车；发挥政府采购的导向作用，逐步扩大公共机构采购节能与新能源汽车的规模；研究基于汽车燃料消耗水平的奖惩政策，完善相关法律法规。新能源汽车示范城市安排一定资金，重点用于支持充电设施建设、建立电池梯级利用和回收体系等。

研究完善汽车税收政策体系。节能与新能源汽车及其关键零部件企业，经认定取得高新技术企业所得税优惠资格的，可以依法享受相关优惠政策。节能与新能源汽车及其关键零部件企业从事技术开发、转让及相关咨询、服务业务所取得的收入，可按规定享受营业税免税政策。

（三）强化金融服务支撑。

引导金融机构建立鼓励节能与新能源汽车产业发展的信贷管理和贷款评审制度，积极推进知识产权质押融资、产业链融资等金融产品创新，加快建立包括财政出资和社会资金投入在内的多层次担保体系，综合运用风险补偿等政策，促进加大金融支持力度。支持符合条件的节能与新能源汽车及关键零部件企业在境内外上市、发行债务融资工具；支持符合条件的上市公司进行再融资。按照政府引导、市场运作、管理规范、支持创新的原则，支持地方设立节能与新能源汽车创业投资基金，符合条件的可按规定申请中央财政参股，引导社会资金以多种方式投资节能与新能源汽车产业。

（四）营造有利于产业发展的良好环境。

大力发展有利于扩大节能与新能源汽车市场规模的专业服务、增值服务等新业态，建立新能源汽车金融信贷、保险、租赁、物流、二手车交易以及动力电池回收利用等市场营销和售后服务体系，发展新能源汽车及关键零部件质量安全检测服务平台。研究实行新能源汽车停车费减免、充电费优惠等扶持政策。有关地方实施限号行驶、牌照额度拍卖、购车配额指标等措施时，应对新能源汽车区别对待。

（五）加强人才队伍保障。

牢固树立人才第一的思想，建立多层次的人才培养体系，加大人才培养力度。以国家有关专项工程为依托，在节能与新能源汽车关键核心技术领域，培养一批国际知名的领军人才。加强电化学、新材料、汽车电子、车辆工程、机电一体化等相关学科建设，培养技术研究、产品开发、经营管理、知识产权和技术应用等人才。按照《国家中长期人才发展规划纲要（2010—2020年）》的有关要求推进人才引进工作，鼓励企业、高校和科研机构从国外引进优秀人才。重视发展职业教育和岗位技能提升培训，加大工程技术人员和专业技能人才的培养力度。

（六）积极发挥国际合作的作用。

支持汽车企业、高校和科研机构在节能与新能源汽车基础和前沿技术领域开展国际合作研究，进行全球研发服务外包，在境外设立研发机构、开展联合研发和向国外提交专利申请。积极创造条件开展多种形式的技术交流与合作，学习和借鉴国外先进技术和经验。完善出口信贷、保险等政策，支持新能源汽车产品、技术和服务出口。支持企业通过在境外注册商标、境外收购等方式培育国际化品牌。充分发挥各种多双边合作机制的作用，加强技术标准、政策法规等方面的国际交流与协调，合作探索推广新能源汽车的新型商业化模式。

六、规划实施

成立由工业和信息化部牵头，发展改革委、科技部、财政部等部门参加的节能与新能源汽车产业发展部际协调机制，加强组织领导和统筹协调，综合采取多种措施，形成工作合力，加快推进节能与新能源汽车产业发展。各有关部门根据职能分工制订本部门工作计划和配套政策措施，确保完成规划提出的各项目标任务。

有关地区要按照规划确定的目标、任务和政策措施，结合当地实际制订具体落实方案，切实抓好组织实施，确保取得实效。具体工作方案和实施过程中出现的新情况、新问题要及时报送有关部门。

相关链接》》

比亚迪亮相澜湄国家展，获克强总理等六国领导人点赞

一江连六国，命运紧相连（One River，One Future）。2016年3月23日，澜沧江—湄公河合作（澜湄合作）首次领导人会议在海南三亚隆重举行，中国、泰国、缅甸、老挝、越南以及柬埔寨等六国领导人以及200多名各国部长级别以上领导与会，并莅临展馆参观。作为唯一受邀参展的汽车企业，比亚迪携旗下明星车型秦（纯电动版）亮相本届展览会，李克强总理等六国领导人驻足比亚迪展位参观指导，比亚迪获领导人高度评价，克强总理称“比亚迪是民族新能源汽车产业之光”。

在比亚迪展台，比亚迪董事长王传福介绍道：“比亚迪掌握电池、电机、电控等新能源车核心技术，目前，比亚迪正在研发多款新能源车，包括巴士系列、卡车系列、乘用车系列以及叉车系列，逐步实现新能源车的全市场布局，力争将城市道路上的车辆全部替换为新能源车。”

本次展览旨在展示中国在航空、新能源车、通信、高铁以及农业等领域的世

界领先科技和技术成果，加强与“一带一路”各国在上述领域的合作。比亚迪作为新能源车行业的一枝独秀，与中国中铁、大疆无人机、袁隆平院士主持开发的杂交水稻等其他行业的顶尖企业或科研成果一同参展。参展过程中，袁隆平院士对我们的新能源车也给予了高度肯定，说比亚迪新能源车他很熟悉，也正在单位内部倡导使用新能源车，提倡绿色交通。

为响应国家推进“一带一路”建设，比亚迪持续加大在海外地区的布局，仅在东南亚地区，比亚迪就已经推出阵容强大的新能源车产品组合，包括纯电动巴士、纯电动e6、插电式混合动力秦以及纯电动叉车等多款明星产品，市场反应火爆，发展前景非常乐观。

在印度尼西亚，比亚迪刚于本月宣布与雅加达公交巴士运营商达成协议，将在2年内向其交付150辆比亚迪纯电动巴士，这也是比亚迪在海外地区斩获的最大一份新能源巴士订单；在马来西亚，在马来西亚总理纳吉布的见证下，由比亚迪15辆电动大巴组成的全球最大的电动BRT公交系统于2015年6月正式在吉隆坡投入商业化运营； 在新加坡，一支由30辆e6组成的纯电动车队正在服务新加坡的广大市民；在泰国，2015年3月，比亚迪携手泰国工商业巨头Loxley集团全面开启“泰国公交电动化”战略，2016年1月，泰国总理巴育亲自登上在泰国组装的首辆比亚迪纯电动大巴K9并给予高度赞许。

相信随着澜湄合作战略的不断推进，凭借着先进的技术、安全稳定的运营以及良好的口碑，比亚迪新能源车在东南亚地区乃至整个海外地区前景持续看好。

相关链接 》》

“电动·未来”计划

2017年2月27日，新能源引领者比亚迪在深圳召开了盛大的“比亚迪唐100秦100上市暨电动未来发布盛典”，拉开2017年品牌发展新征程的序幕。在现场近千家媒体的见证下，比亚迪旗下两款重磅新能源车——唐100、秦100隆重登场。同时，基于企业四大绿色梦想和“为地球降温1℃”的社会责任愿景，比亚迪还提出了“电动·未来”计划。

在计划中，比亚迪将联袂各领域有实力、有环保责任感的优质企业，聚焦新能源汽车消费者在购买、使用过程中的“痛点”，在产品、技术、配套、便利性、延展服务等全价值链领域为用户解决问题、创造价值，构建全产业链联合的“电动·未来”生态圈，助力社会发展的绿色梦想照进现实。

比亚迪立志再领“新能源汽车+”大势

2017年，历经蓬勃发展的中国新能源汽车产业走到了全新的起点。一方面，全球气候变暖、环境污染等人类共同面临的课题被社会越来越重视，无论是政府、企业还是公众，都在“使用清洁环保可持续发展的能源来解决环保课题”上取得了基本共识；另一方面，当前随着新能源应用技术的大力推广、可再生能源的规模化应用，国内闲置电能仍有较大利用空间，以电驱动社会清洁环保可持续发展的基础已然具备。在这一宏观背景下，发展新能源汽车依然是国内减少环境污染、创造全新绿色出行方式的有效解决方案。

比亚迪作为新能源整体解决方案的开创者，申请新能源技术专利超过1.5万件，在国内拥有最丰富的新能源汽车产品和最庞大的新能源汽车保有客户群，每年减少碳排放量高达27.7万吨，相当于种植了1529万棵树，面积覆盖整个北京三环。站在这样的高度，企业理应率先承担起为社会及消费者构建环保美好生活的社会责任，继续践行绿色梦想——这正是比亚迪在2017年开篇之际发布电动·未来计划的初衷所在。

“电动·未来”全面优化新能源汽车生活体验

由此，摆在比亚迪面前的，除了进一步提升新能源技术实力、加快推动产品升级，“如何为用户做减法、减少在购买和使用新能源车时的经济压力和障碍”变成了破局思考的重点。

“电动·未来”计划正是基于此推出的。比亚迪率先携手首批13家跨界领军企业代表，通过优势资源的整合、互换和重新组装，覆盖新能源汽车用户的日常生活场景，优化他们使用新能源汽车的全过程体验。

“我们也向全社会敞开怀抱，欢迎更多有绿色梦想的人加入我们的队伍。”比亚迪汽车销售有限公司总经理舒酉星表示，“电动·未来”计划是一个完全开放的合作框架。比亚迪作为计划的发起者和倡导者，有足够的自信和实力携手各行各业有环保责任和愿景的企业，实现商业价值与社会价值的共赢。

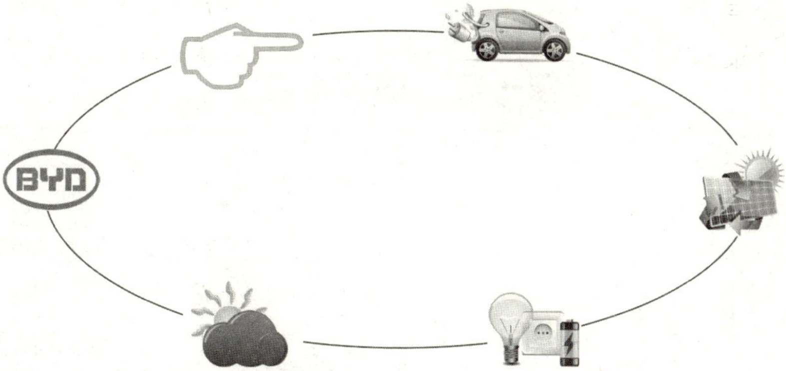

第六章 新能源的解读

导言：

新能源的更广泛应用将创造历史性市场机遇，巨大的市场空间将造就伟大的企业，而比亚迪亦将以之为目标而努力。

第一节　探索与起步

什么是新能源

新能源的定义

新能源一般是指在新技术基础上加以开发利用的可再生能源，包括太阳能、生物质能、风能、地热能、波浪能、洋流能和潮汐能，以及海洋表面与深层之间的热循环等；此外，还有氢能、沼气、酒精、甲醇等，而已经广泛利用的煤炭、石油、天然气、水能等能源，称为常规能源。随着常规能源的有限性问题以及环境问题的日益突出，以环保和可再生为特质的新能源越来越受到重视。

在中国可以形成产业的新能源主要包括水能（主要指小型水电站）、风能、生物质能、太阳能、地热能等，是可循环利用的清洁能源。新能源产业的发展既是整个能源供应系统的有效补充手段，也是环境治理和生态保护的重要措施，是满足人类社会可持续发展需要的最终能源选择。

新能源的特点

新能源主要有六个特点，如下图所示。

特点 1　资源丰富，普遍具备可再生特性，可供人类永续利用

特点 2　能量密度低，开发利用需要较大空间

特点 3　不含碳或含碳量很少，对环境影响小

特点 4　分布广，有利于小规模分散利用

特点 5 间断式供应，波动性大，对持续供能不利

特点 6 除水电外，可再生能源的开发利用成本较化石能源高

新能源的特点

发展前景

中国新能源发展的战略可分为三个阶段。

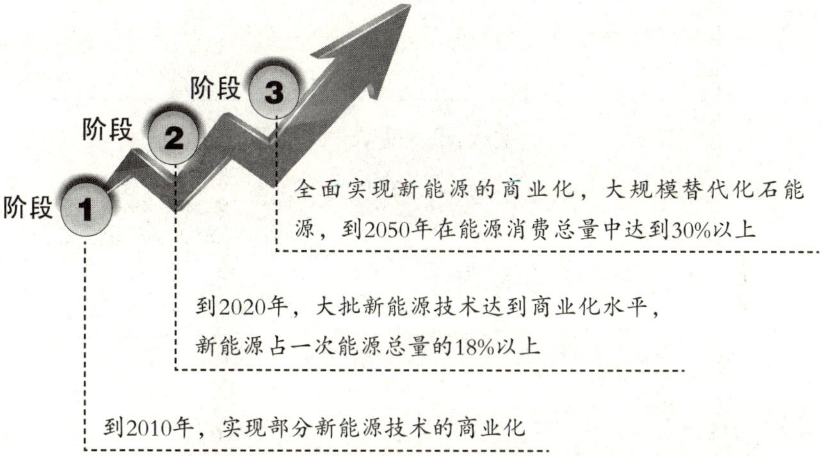

新能源发展战略阶段

新能源是中国加快培育和发展的战略性新兴产业之一，其发展前景广阔，如下图所示。

风能

无论是总装机容量还是新增装机容量，风能在全球都保持着较快的发展速度，将迎来发展高峰。风电上网电价高于火电，期待价格理顺促进发展

生物质能

生物质能有望在农业资源丰富的热带和亚热带普及，主要问题是降低制造成本，生物乙醇、生物柴油以及二甲醚燃料应用值得期待

太阳能

随着中国国内光伏产业规模逐步扩大、技术逐步提升，光伏发电成本会逐步下降，未来中国国内光伏容量将大幅增加

汽车新能源战略

环境污染、能源紧张与汽车行业的发展紧密相连，国家大力推广混合动力汽车，汽车新能源战略开始进入加速实施阶段，开源节流齐头并进

新能源发展前景

比亚迪在新能源产业的探索

布局全国

2015年4月15日，比亚迪与武汉市黄陂区人民政府在武汉临空经济区核心区黄陂举行武汉比亚迪新能源客车、专用车生产基地奠基仪式。

2014年4月23日，广东省从化市人民政府、广汽集团和比亚迪三方共同签署了投资协议书，广汽集团和比亚迪在从化市合资成立广汽比亚迪新能源客车有限公司。

2014年4月29日，比亚迪又与杭州市政府签署共同推进新能源汽车推广和产业发展战略合作框架协议。

比亚迪在当地设厂的方法将企业优势和地方优势结合起来，发挥出“1+1>2”的市场优势，实现了新能源商用车在国内市场的快速布局。

现在的比亚迪新能源汽车早已实现国内外战略布局，运营足迹包括中国天津、深圳、长沙、南京、杭州、香港、台湾，英国伦敦，比利时布鲁塞尔，美

国纽约、洛杉矶，哥伦比亚波哥大，新加坡，日本京都等全球逾150个国家和地区。截至2015年6月，在深圳首批投放的K9纯电动公交车，累计总行驶里程超过7500万公里，单车行驶里程为26万公里，保持着全球纯电动公交车最长行驶里程纪录。在国家“一带一路”的战略背景下，比亚迪正以充足的干劲驶向“中国制造2025”。

“金马”纯电动客车下线

2015年7月31日，天津比亚迪汽车有限公司（以下简称“天津比亚迪”）在新建成的武清基地举办“金马”牌纯电动大客车下线仪式。通过重生“金马”这一天津大客车本土品牌，天津比亚迪填补了天津市新能源大客车整车制造空白，助力天津市新能源汽车产业发展。

随着“金马”纯电动客车下线，天津比亚迪将全力支持天津市新能源汽车产业发展，满足城市新能源汽车多样化的发展需求。

以承德带动河北新能源汽车应用

2015年5月6日，比亚迪汽车工业股份有限公司与承德公交集团有限责任公司在承德举办签约仪式，承德将投放417辆比亚迪纯电动公交车，打造北方地区最大规模的纯电动公交车队，助力河北省新能源汽车推广应用目标完成。作为河北本土企业，承德比亚迪新能源客车基地已于4月6日开工建设，将在2015年内实现纯电动客车及零部件投产。

承德比亚迪新能源汽车及零部件生产基地项目的落地，将为京津冀地区新能源汽车产业发展和大气环境改善做出积极贡献，并将推进京津冀公交等公共服务领域新能源汽车的应用。

华中落棋武汉基地

2015年4月15日，比亚迪在武汉的生产基地奠基。

在武汉比亚迪新能源客车及专用车项目奠基仪式上王传福表示：“作为比亚迪新能源汽车重要战略布局，武汉比亚迪肩负着比亚迪华中地区新能源汽车发展的重任。未来，武汉比亚迪新能源客车产品将重点覆盖武汉乃至整个华中地区市场；新能源专用车将立足武汉，满足全国市场的推广应用，未来还将面向海外市场，开拓新能源专用车出口业务，创造更广阔的市场空间。”

纯电动环卫专用车

2015年8月6日，北京环卫集团与比亚迪汽车在北京举行合作签约仪式，双方将联手打造全球首家专注于纯电动环卫领域的专用车公司。同时，合资公司打造的全球首款16吨T8纯电动洗扫车在北京正式上市，并交付客户进行路面作业。

如今，防治大气雾霾、控制大气污染已成为共识，加快新能源汽车在环卫领域的推广应用有利于解决经济发展和环境之间的矛盾。北京环卫集团与比亚迪合资生产的纯电动环卫车，未来将更多地遍布全国各地，同时，也应该让这些真正体现节能减排的新型产品融入大众的生活。

新能源助力比亚迪前行

新能源项目推进

从2010年开始，王传福就持续加码新能源汽车项目，先是在2010年推出比亚迪最早的新能源汽车之一F3DM，此后又在深圳参股建立专门运营纯电动车的出租车公司。此外，通过2011年正式回归A股，比亚迪不仅解决了传统汽车零部件建设所需要的资金缺口，也弥补了锂电池生产所需资金的不足。

而当时恰逢中国新能源汽车发展“雷声大、雨点小”的时代，几乎所有人都认为比亚迪迟早会重蹈通用汽车的覆辙，但比亚迪的e6却做出了较好的销量，最为重要的是，比亚迪吸取了F3的教训，自推出以来，e6没有出过任何大的事故，出租车公司最终也实现了盈利。

政策促进新能源汽车发展

但众所周知，市场的扩大必须有政策的支持。否则，庞大的资金投入迟迟不能得到回报，比亚迪最终会难以为继。幸运的是，随着比亚迪传统汽车市场业务的调整与增长，中国新能源汽车市场相关政策在2013年开始密集推出，2014年更是进入了一个政策爆发期，国家出台16项新能源汽车政策，发布了78

项电动汽车标准。2015年1～6月，国家出台8项新能源汽车政策。从2009年开始出台的主要政策如下图所示。

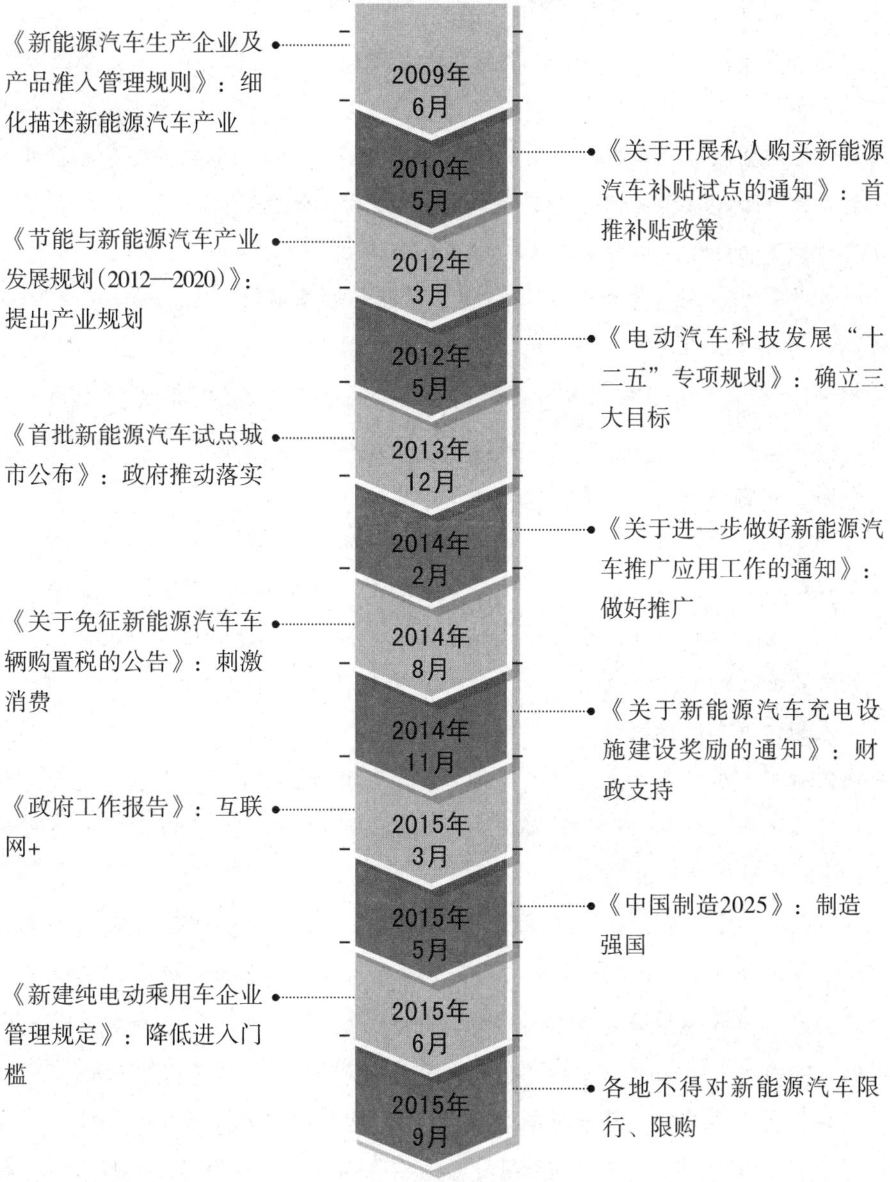

新能源汽车产业政策

相关链接 》》

深圳多项新政为新能源车“充电”

2015年2月20日，深圳新能源车再迎利好政策——《深圳市新能源发展工作方案》和《深圳市新能源汽车推广应用若干政策措施》正式出台。深圳将统筹设立50亿元的新能源汽车推广应用扶持资金。除了对新能源车购置给予补贴外，个人和企业在使用环节也可享受到最高每辆6万元的优惠。此外，深圳定下了一个具有挑战性的目标：新增新能源车1.5万辆。

新政一出，深圳新能源车市沸腾了，因为这是继限购之后的又一剂“强心针”。此前的限购政策已给新能源车开了“绿灯”，在每年新增的10万个新车指标中，2万个指标会指定给新能源车，比例之高为全国首例。因此有业内人士分析，深圳新能源车市经过几年的积蓄，2015年有望走上发展的“快车道”。

购买和使用环节均可享受补贴

据了解，为了提高市民购买新能源车的积极性，深圳在购买和使用环节均出台了补贴政策。在购买新能源车时，原则上按照国家标准给予1：1的配套地方补贴，且不逐年递减。补贴的数额与车身的长度和标准工况续驶里程有关，以标准工况续驶里程大于250公里以上的纯电动车为例，最高可以领到6万元的补贴。

在新能源车的使用环节，深圳也创新性地出台了补贴措施，对个人、企业购买使用新能源车，给予使用环境补贴，主要用于交强险、路桥费、充电费、自用充电设施及安装费等补贴，最高可达2万元。此外，新能源车可以享有当日在路边停车首小时免费的优惠。

2015年1月30日，在汽车城整体萧条的情况下，比亚迪4S店的生意依旧不错。一个销售人员透露，从限购之后，前来咨询比亚迪新能源车的顾客便越来越多。以比亚迪的双模车秦为例，由于可享受6万元的补贴，因此备受青睐，甚至出现卖脱销的状况。“现在下单需要排队，最快也要半年后才能取到车。”

在随机询问的10位购车者当中，有6位有购买新能源车的意向，这个结果比2个月前的随机调查结果高出了近1倍。“虽然我还是有点担心充电的问题，但是没办法，摇号要摇到什么时候啊！”赵先生与太太在香蜜湖汽车城转了一圈后，还是来到了比亚迪4S店，表情带着些许无奈。当了解到比亚迪秦有6万元补贴时，赵先生夫妇开始表现出兴趣。

2015年有望破解充电桩困局

充电难一直都是新能源汽车推广的“拦路虎”。市发改委透露，截至2015年2月，深圳累计建设快速充电站81座、慢速充电桩近3000个。但是深圳市节能与新能源汽车示范推广领导小组办公室主任助理陆象桢坦言，这份“成绩单”并不算理想，目前快速充电桩仅完成原计划的三四成，慢速充电桩只完成原计划的一成。那么，2015年的充电桩市场会不会有所突破呢？深圳市发改委明确表示，为了鼓励和支持社会资本参与建设运营充电设施，对充电设施运营企业采用特许经营方式进行管理，并制定相应的充电服务费标准，对集中式充电设备（站、桩、装置）投资给予30%的财政补贴，且在充电设施建设完成、通过验收并正式投用后予以拨付。同时，鼓励在已建成停车场（位）等现有建设用地上设立他项权利建设充电设施，单独新建充电站项目，采取招拍挂方式出让或租赁方式供地，并积极探索按照“公用设施用地”性质供地。

深圳市发改委透露，2015年各区重点在客运交通枢纽、体育场馆、路内临时停车位等建设快速充电桩，研究探索在现有加油站加装快速充电桩。2015年年底前全市新增1800个快速充电桩，其中宝安、龙岗、南山不低于300个，福田、罗湖、龙华不低于200个，光明、坪山不低于100个，盐田、大鹏不低于50个。同时要求慢速充电设施须纳入新建建筑设计规范、绿色建筑设计标准及节能评估规范，保证充足电力增容，布线覆盖所有车位；已建住宅区按照不低于有效车位的5%、已建社会公共停车场按照不低于有效车位的10%安装慢速充电设施。“今年（2015年）是关键性的一年，政府下了大功夫。”陆象桢表示。

企业方面，充电桩相关企业纷纷采取措施，拥抱这个政策红利。比亚迪在2015年1月20日首届迪粉大会上，宣布推出了两款新的充电产品——3+3循环立体充电机和环形充电塔。

……………………………………………………………………

相关链接》

比亚迪精诚服务品牌荣膺
2015中国汽车服务金扳手奖“新能源服务奖”

2015年12月16日，第10届“中国汽车服务金扳手奖”的颁奖典礼在北京落下帷幕。

本次评选活动，比亚迪精诚服务品牌秉承“精于勤，诚于心”的服务理念，2015年启动“新能源汽车售后服务领先”战略，在对新能源车主的服务上，新能源专用维修工具的配备等服务、新能源车辆首次保养及定期保养作业流程标准等规范，领创新能源汽车售后服务行业标准，继2014年获取“技术贡献奖”后，再次获得评委会及顾客的一致肯定，喜获2015中国汽车服务金扳手奖“新能源服务奖”，充分体现了比亚迪在过去一年中对新能源车主及其车辆服务方面的优异表现。

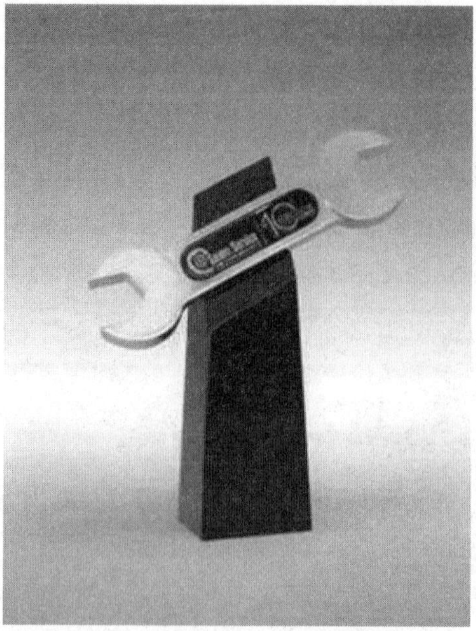

2015中国汽车服务金扳手奖“新能源服务奖”奖杯

2015中国汽车服务金扳手奖“新能源服务奖”奖牌

比亚迪精诚服务品牌建立于2006年，秉承了比亚迪汽车所有售后人“精于勤，诚于心”的服务理念，坚信精湛的服务技术源于专业和勤奋、真诚的服务态度来自责任与用心，始终致力于为比亚迪汽车用户及其爱车提供高水准的售后服务。

全国300多个已开通新能源汽车维修权限的服务网点，为新能源车主提供快捷、便利的服务。

全国进行了700多店次1100多人次比亚迪专业培训，为新能源车主及其车辆提供专业、优质的服务。

专业远程诊断系统的引入及应用，专用蓄电池检测仪、制动液检测笔等21项专用维修设备以及绝缘手套、护目镜、绝缘胶垫、绝缘工具等21项新能源专用维修防护品等的配备，保证维修标准、维修质量及设备水平达到顾客服务要求，以给比亚迪新能源车主提供安全、高效的维修服务。

质保政策是“新能源汽车售后服务领先”战略的保障，比亚迪汽车针对唐、秦等新能源车型提供6年或15万公里保修，电芯终身保修，而且质保期内秦、唐车主可享受4次免费保养。

比亚迪精诚服务坚持严格的星级评定制度，2015年更实行“满天星计划”，保证给顾客提供高标准的服务体验。

未来一年内，比亚迪精诚服务将继续加大对终端服务店软硬件的投入，执行“新能源汽车售后服务领先”战略，打造比亚迪精诚服务品牌，为新能源顾客及广大车主提供便捷、优质的服务体验，提升顾客满意度。

第二节　业务与发展

电动车

比亚迪认为，环境和石油资源已经无法支撑传统汽车的高速发展，汽车工业的未来必然是电动车。

作为新能源汽车的领导者，比亚迪目前是世界上唯一同时掌握电池、电机、电控等电动车核心技术以及拥有成熟市场推广经验的企业。从2008年开始，比亚迪先后推出F3DM、K9、e6、秦、唐以及与戴姆勒公司合作研发的豪华电动车腾势等新能源汽车产品，并且率先提出“公交电动化”战略——用电动车替代传统燃油车，同时有针对性地在金融模式方面进行了大胆创新。2012年，比亚迪携手国家开发银行推出“零元购车、零成本、零风险、零排放”的解决方案，加速了交通电动化的进程。目前，比亚迪的K9、e6、秦等电动车足迹已遍及全球。截至2014年12月底，比亚迪率先投入市场运营的纯电动大巴K9的单车最高里程超过22万公里，纯电动车e6单车最高里程超过60万公里，已超过普通私家车19年的行驶里程。

除了在公共交通及私家车领域不断推出满足市场需要的新能源产品外，比亚迪还将在不久的将来推出服务于物流运输、公共事业领域各个系列的新能源汽车，实现在新能源领域全产品链、全市场覆盖。为人类创造美好环保的城市生活迈出坚实的一步，对发展低碳经济、构建环境友好型社会意义重大。

比亚迪电动车

相关链接 》》

全球唯一新能源车企获邀 比亚迪携手纽约巴黎等世界名城共议可持续发展

美国纽约时间2014年9月22日，40多位来自纽约、巴黎、哥本哈根、墨尔本、里约热内卢、布宜诺斯艾利斯、波哥大等全球最具影响力国际大都市的市长及常驻联合国代表齐聚纽约曼哈顿，共议城市可持续发展。比亚迪作为全球可持续发展领域不可替代的新能源领军企业，成为本次高级别会议仅有的四家获邀企业之一，同时也是全球新能源车企的唯一代表。比亚迪股份有限公司董事长兼总裁王传福在会上与各位世界知名城市市长及精英名流分享了其在全球力推的城市公交电动化解决方案，引发市长们的热捧与高度认同。力邀比亚迪参会的主办方联合国可持续发展解决方案联盟（SDSN）认为，比亚迪在应对全球气候变化及推动城市可持续发展方面成绩斐然，并被世界各大城市视为在可持续交通领域的重要合作伙伴。联合国秘书长特别顾问、被美国《时代》杂志誉为全球最具影响力的经济学家Jeffrey Sachs是本次会议的主要发起人。

美国纽约市市长Bill de Blasio、法国巴黎市市长Anne Hidalgo以及巴西里约热内卢市市长Eduardo Paes分享了有关可持续发展目标实现及本地化的经验。在圆桌会议环节，深圳市副市长唐杰与各国城市市长深入交流了深圳经验，比亚迪作为深圳乃至全球可持续交通发展领域的典型企业更是屡屡被提及。

当前，可持续发展成为全球城市最关注话题。传统依靠不可再生能源的城市发展模式已不再适应当今时代发展。城市交通拥挤及污染物排放增长、资源日益枯竭等问题正在深度困扰着城市。纽约于当地时间2014年9月21日爆发的40万人大游行，正是社会各界对环境保护的强烈呼吁。为此，全球各中心城市正在积极向采用可再生清洁能源、环境友好型的发展模式转型。值此契机，比亚迪战略性提出的城市公交电动化解决方案能够辅助城市有效解决上述困扰。在此方案中，比亚迪为城市提供节能环保的零排放纯电动大巴和纯电动车等新能源产品，推动城市传统燃油车辆的绿色化更新换代，纯电动车队带来的显著环保效益将为城市每年减少上万吨二氧化碳排放。加之比亚迪前期已在电动车推广方面积累了丰富的全球经验，因此，世界各大城市的政府或运营商纷纷向其伸出橄榄枝并亲切地视之为城市可持续发展方面的重要合作伙伴。比亚迪与同在本次参会之列的纽约、哥本哈根、里约热内卢、波哥大等世界或区域中心城市均有过成功合作案例，其纯电动大巴及出租车队的经济性与环保性获得包括第三方专业认证机构（如素以严苛闻名的美国Altoona测试中心等）、交通运营商、主流媒体和乘客的充分认可。例如，在哥伦比亚首都波哥大等地推出的纯电动出租车队日夜穿梭于城市街头，服务百万名市民；而比亚迪在巴西里约热内卢的大巴试运行项目获得空前成功，赢得巴西国家级媒体Globo TV等发声力挺，如此现象在巴西这个竞争异常激烈的全球第四大汽车市场实属难得。在巨大的先锋城市示范效应下，各国城市纷纷选择通过电动化交通方案解决城市环境困扰和能源危机，提升城市核心竞争力，推动可持续发展目标实现。值得一提的是，比亚迪与各国城市的成功合作案例也屡获世界大奖肯定。

从专注技术创新的新能源汽车领跑者，到各级政府城市“公交电动化”战略及相关新能源车政策的鞭策力量，到勇夺扎耶德未来能源奖、全球最佳碰撞实验室大奖等频频亮相国际舞台，再到如今作为全球少有的企业代表获邀与世界名城市长展开可持续发展对话，比亚迪不断升级的全球化水平世人有目共睹，比亚迪日益成为推动世界可持续发展的一股重要力量。

外界普遍认为，由于本次可持续发展高级别会议的豪华市长阵容及议题影响力，该会议将为接下来举行的联合国气候峰会预热，其探讨内容将深刻影响全球城市可持续发展。

相关链接》》

提前4年响应伦敦市市长号召 比亚迪供应零排放出租车队

2014年2月11日，由20辆比亚迪e6组成的高级零排放出租车队的投放仪式在伦敦举行，该车队由英国公司Thriev运营，并由英国天然气（British Gas）的电网供电。

伦敦市市长在2014年1月宣布，从2018年1月1日起，所有新投放的出租车都必须是零排放才能获得经营许可。20辆比亚迪e6的投放意味着伦敦私营出租车市场的发展比市长的规划提前了4年时间。

这支新车队在“城市公交电动化”愿景下孕育而生，计划通过用电动车替代汽油和柴油动力汽车，为伦敦的道路带来可靠的、零排放的交通。在此之前，Go-Ahead集团的2辆比亚迪电动大巴K9已在两条伦敦中心交通路线投入运营。Thriev是伦敦一家为企业和私人用户提供低成本、零排放的高级出租车的公司。比亚迪e6续航里程可达300公里，非常适合于私营出租车业务。在英国天然气公司的支持下，20辆e6既可在车站充电，也可在路上进行充电。

自2010年起，英国天然气公司一直走在英国电动汽车充电基础设施建设的前沿，Thriev提供的服务将有赖于该公司所提供的全新的城市充电网络。Thriev

已经在Edgware路上安装了由比亚迪生产的首个快速充电器。随着业务的逐步完善，最终我们将会看到每一度电都来自100%的英国可再生能源。

比亚迪e6搭载了比亚迪自主研发的先进的磷酸铁锂电池。同最新的汽车技术相匹配，Thriev将最新的智能手机技术运用在了出租车预约的APP上。该APP可用于苹果和安卓系统，用户只需要经过3次点击，就可以预约一辆出租车。同时，APP中可保留之前30天的预约记录，用户可快速重新预约之前的行程方案。此外，GPS可以实现出租车在地图上的实时追踪。

Thriev的执行总裁及联合创始人Arvind Vij说："我们很高兴看到新的比亚迪e6出租车在伦敦投入服务，它很好地彰显了我们的独特品牌。Thriev用现代技术装备私营出租车服务，真正为乘客带来了交通领域的革命。从根本上说，我们的目标是为像伦敦这样交通拥堵的城市的私营汽车业，提供一个零排放的、经济的替代方案。"

比亚迪欧洲分公司总经理何一鹏说："在成为第一家为英国首都提供纯电动大巴服务的制造商之后，看到我们的e6也加入到伦敦的私营出租车服务中真是太棒了！我们很高兴能与Thriev 合作，我们双方都怀有为城市提供安全、可靠、高效的绿色交通的美好愿望。"

储能电站

依托先进的铁电池技术，比亚迪电池储能电站有效解决了能源储存这一世界性难题！

比亚迪储能电站的特点为：稳定太阳能、风力发电的输出功率，实现新能源电力轻松并网；安全、无污染、循环寿命长、不受地理条件限制。储能电站搭载比亚迪自主研发的铁电池，转换效率高达90%以上，比传统抽水蓄能效率提高20%，经济效益突出，需求巨大，应用前景广阔。

储能电站

相关链接

比亚迪建“超级充电站”，可服务400辆车

比亚迪在大力推广新能源汽车的同时，充电设施不完善的问题就凸显出来了，现在比亚迪对于充电配套的建设也已全面铺开。为解决充电问题，比亚迪现已推出空中纯电动车充电塔与3+3循环式立体充电机等电动车充电解决方案。

空中纯电动车充电塔

3+3循环式立体充电机

2015年1月20日，比亚迪首次向外界展示电动车充电的整体解决方案。其中空中纯电动车充电塔具有容量大、配套设施完善等优点，3+3循环式立体充电机拥有占地小、操作简便等优势。值得一提的是，上述两套解决方案都是由比亚迪自主研发的产品。目前，上述两套设施都已经在比亚迪深圳坪山厂区内建成实体，现阶段以上两种充电设施已经投入实际使用当中。

问题1：能充多少辆车？

占地1200平方米，高达10层的空中纯电动车充电塔每层供40辆车充电，整体可以容纳400辆车同时充电。不仅如此，其还人性化配有车辆维修车间、卫生室、休息室等生活配套设施，遍布塔内的绿植也凸显出不同。3+3循环式立体充电机由3座循环式立体充电机组成，每座充电机能存放12辆车，6座充电机一共能够同时容纳72辆车充电，占地仅450平方米。

问题2：需要充多长时间？

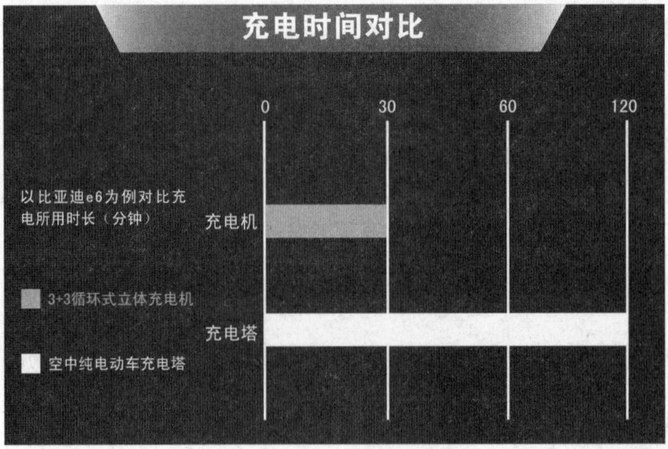

两种设施充电时间对比

在空中纯电动车充电塔每个车位都配有一个40千伏·安的快速充电设施，可以在2个小时内把一台比亚迪e6充满，整个充电塔的配置总功率为14400千瓦。3+3循环式立体充电机不仅配套40千瓦国标、美标、欧标充电枪，还同时兼容多种充电标准，能够在半个小时内把一台比亚迪e6充满，充电效率高。

问题3：如何充电？

首先把车停入停车位，插上充电枪，然后刷卡就可以。

对充电车辆的尺寸限制为：长×宽×高≤4900毫米×2070毫米×1900毫米。

重量限制在2400千克以内。

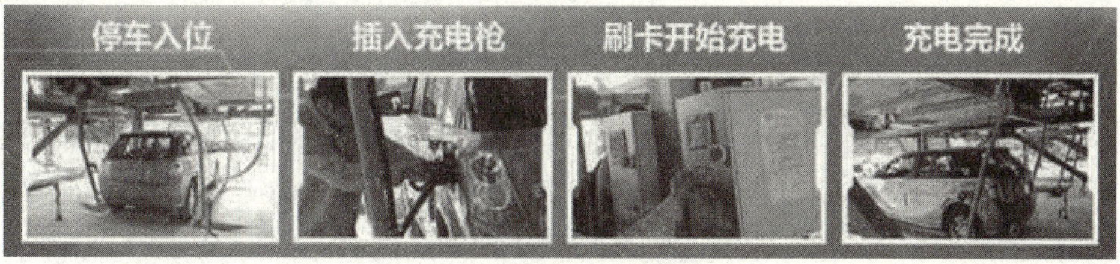

使用充电机步骤

问题4：租金多少钱？

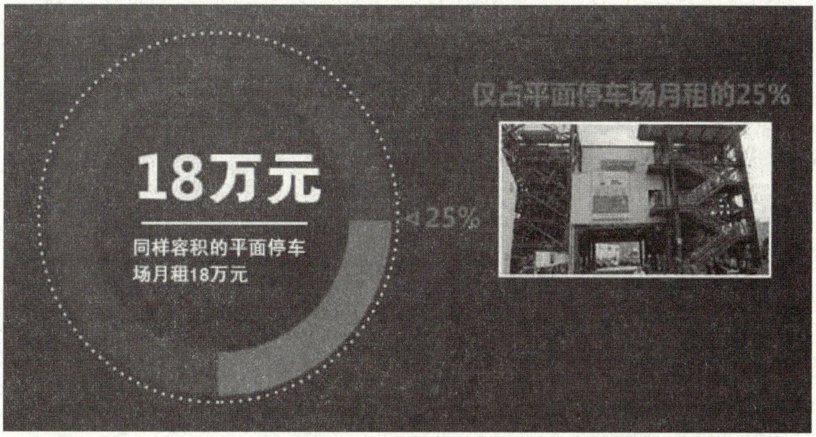

价格优势明显

3+3循环式立体充电机占地450平方米，以深圳福田景田为例，每平方米月租金为100元，其月租金仅为4.5万元，而同样容积的平面停车场月租为18万元，3+3循环式立体充电机月租只占平面停车场月租的25%，优势明显。

问题5：未来将如何推广？

针对中国和全球都面临的充电设施问题，比亚迪率先推出电动车充电完整解决方案，这一方案的推出对我国大中城市充电设施的建设具有积极的指导作用。并且比亚迪方面表示：我们也联合了一些愿意参与充电设施建设的企业、部门、地方一起来发展。

空中纯电动车充电塔和3+3循环式立体充电机是对目前中国乃至全球充电设施问题瓶颈的突破，两套解决方案对电动车充电的时效性、规模性，我国充电接口的不统一性以及土地集约化发展等问题考虑都非常充分，并给出合理的解决办法。

目前，我国充电设施缺口较大，比亚迪充电解决方案的推出，对电动汽车的普及具有积极的推动作用。一些出租车公司对比亚迪充电设备已经表示感兴趣。我国一线城市充电设备的不健全表现尤为突出，比亚迪解决方案的提出，给予我国一线城市资源的合理利用新的答案。

太阳能电站

科学家发明了太阳能发电技术，但昂贵的使用费用使人们望而却步。如何让人类真正用得起太阳能是比亚迪未来研究的一个方面。

比亚迪通过采用独特工艺研制的多晶硅，运用新的提炼方法、垂直整合的产业链来大幅度降低太阳能应用的成本，让太阳能发电只需与煤电相当的成本，加速了太阳能发电的普及过程。

太阳能电站

其他业务

LED照明

比亚迪通过垂直整合LED上、中、下游产业，自主设计研发了高效节能、超长寿命、绿色环保的LED照明产品。应用自主研发的铁电池技术，比亚迪成为全球第一家推出离网太阳能铁电池LED路灯的企业，并且是国内首先推出独立LED前组合灯照明的企业。

LED照明

电动叉车

依托全球领先的铁电池技术，比亚迪生产出了全球首款以铁电池为动力的叉车，特点是：零排放、零污染、绿色环保。比亚迪以电动车良好的操作性、卓越的安全性能以及人性化的外观设计，并配套“零成本 · 零元购车 · 零风险 · 零污染 · 零排放”的创新营销模式，实现了制造商、投资商和消费者互惠互利的共赢局面，引领叉车行业的发展。

电动叉车

比亚迪叉车官网首页

相关链接》》

比亚迪叉车经销商年会 引领绿色仓储新潮流

2016年3月14日，以“创新·蓄势·共赢”为主题的2016比亚迪叉车经销商年会在深圳坪山隆重召开，比亚迪相关领导以及来自全国的经销商汇聚一堂，共同就2015年叉车市场概况、比亚迪叉车产品规划，及2016年销售策略、布局等议题进行了深入探讨，共启2016年合作共赢新篇章。

上午，比亚迪领导层与经销商朋友们先后参观了比亚迪坑梓铁电池工厂、葵涌叉车检测中心、比亚迪坪山展厅等，比亚迪铁电池全自动化生产线的先进性、工业园的庞大规模及严谨的制造工艺流程等让经销商及媒体朋友们叹为观止。

下午，比亚迪叉车经销商营销峰会在坪山金茂园酒店隆重召开，比亚迪十八事业部总经理毕国忠深入阐述了比亚迪叉车的整体规划及产品布局，他表示，比亚迪可以按照客户的不同需求设计符合客户要求的产品，产品设计灵活、多样。比亚迪叉车以“完美的技术和一流的质量”作为产品和服务的标准，在研发、生产、管理、服务等方面按照ISO 9001国际质量体系运作，借鉴集团丰富的体系管理经验，大力推行“六西格玛”“质量文化”等项目，并通过持续改进和创新手段，形成了行业内先进的研发和质量管理体系，为提升企业核心竞争能力打下坚实的基础。

随后，比亚迪叉车营销部总经理王惠明为经销商们总结2015年比亚迪电动叉车的市场概况，并规划了未来市场中的美好前景。他表示，过去的2015年比亚迪叉车保持平稳增长，外销更是上涨了17%，取得非常不错的成绩。截至2016年3月15日，比亚迪已经在美国、澳大利亚、新加坡、荷兰、德国等国家及中国的30多个省100多个城市实现了销售，并赢得了非常不错的口碑。在叉车电动化趋势下，比亚迪叉车将凭借集团强大的技术优势，引领行业发展，开创叉车新格局。

比亚迪的发展离不开经销商的支持与维护，为感谢全国各地经销商对比亚迪的支持，在经销商年会上，特别增加了颁奖环节，以奖励在2015年不断努力并取得优异成绩的比亚迪叉车经销商。受表彰的优秀经销商们纷纷表示，此次大会给他们带来了更大的信心和希望，一定会竭尽全力去做好销售工作，也希望与比亚迪保持长久的合作关系，共同开创美好未来！

推进仓储电动化　开创电动叉车新格局

据了解，比亚迪坚持全市场战略布局，不仅在城市公交、出租、道路客运、城市商品物流、城市建筑物流、环卫、私家车等常规领域研产新能源汽车，也在仓储、矿山、机场、港口等非常规领域开发出一系列的纯电动产品。在仓储领域，比亚迪早在2010年便推出全球首款搭载铁电池的纯电动叉车，并成功开发出平衡重式、托盘式、前移式、堆垛式四大系列新能源叉车产品，满足1.5～3.5吨不同级别需求。自上市销售以来，比亚迪叉车为客户提供专业高效的绿色仓储解决方案，包括全系电动叉车产品、充电配套设施和金融运营模式等。

作为全球首款使用磷酸铁锂电池的叉车产品，比亚迪纯电动叉车配置了高智能电控系统、BMS电源管理系统、货叉自动找平功能、OPS安全预警等一系列先进技术，实现快速充电，随充随用，不仅解决了内燃叉车的尾气污染问题，还解决了传统铅酸电池叉车充电时间长、电池寿命短、重金属污染及酸雾污染等问题，实现了零污染、零排放。同时，比亚迪电动叉车充电效率高，使用成本比内燃叉车节省80%，比铅酸电池叉车节省约50%，可为企业省下一笔不菲的运营费用。

挑战与机遇并存　引领叉车市场新潮流

经过多年的沉淀和积累，比亚迪叉车的产品品质和环保效益得到了广大客户的一致认可，并让比亚迪电动叉车在当今种类繁多的叉车产品中异军突起，收获了饮料、造纸、制造、饲料等行业的大批量客户。截至2016年3月15日，比亚迪纯电动叉车的足迹已遍布中国内地30多个省份100多个城市，并成功登陆中国香港地区和日本等亚洲国家市场，同时远销欧洲、澳大利亚和美洲，在国际市场上遍地开花。同时，随着人们对环境保护、能源危机等意识的提升，许多企业除了注重产品品质以外，还逐渐倾向于选择更节能更环保的产品。得益于比亚迪新能源叉车多年的技术储备和研发，比亚迪纯电动叉车将引领仓储行业电动化潮流，在叉车市场大放异彩。

2016年是“十三五规划”的开局之年，也是国家调整产业结构、转型升级的关键一年。作为比亚迪7+4全市场战略的重要领域之一，比亚迪电动叉车将凭借已有的市场布局与技术优势，进一步推动纯电动叉车在我国仓储行业的推广与应用，助力我国仓储行业实现“绿色运输”和“油改电”项目，为我国仓储电动化及节能环保事业做出积极贡献。

相关链接》

汽车界全球唯一获奖企业，比亚迪获评“杰出绿色贡献大奖”

2014年5月8日，凭借对环保事业的杰出贡献和绿色愿景，比亚迪被香港主流媒体——香港经济日报集团旗下的《U 周刊》评选为“U Green Awards（杰出绿色贡献大奖）”，成为本届奖项中全球唯一获奖的汽车类企业。一同获奖的还有三星集团、飞利浦集团以及麦当劳集团等世界知名企业。香港环境局局长黄锦星等香港政界代表出席颁奖仪式。本届奖项的主题是“绿色创意”，拥有香港规模最大新能源出租车队的比亚迪凭借对环保事业的杰出贡献和由其三大绿色梦想构建的“未来村”绿色愿景征服奖项评选委员会，从全球多家汽车巨头中脱颖而出，并最终摘得大奖。

评选委员会在颁奖时指出："比亚迪为香港绿色环保事业做出杰出贡献，并用实际行动引领行业发展。"自2013年5月起，比亚迪协同业界合作伙伴在香港不断增加纯电动e6出租车数量，到2014年5月已发展成为全港规模最大的电动出租车车队，车队运营总里程将近200万公里，总计减少汽车尾气排放514吨，效果相当于植树283棵。除香港外，比亚迪电动车已经进入洛杉矶、伦敦、深圳等全球多个城市，仅在深圳市公共交通领域推出的电动车就已经超过1500辆。在个人消费市场，比亚迪混合动力轿车秦销量逐月攀升，已连续数月蝉联中国新能源车销量冠军。凭借全球数以万计的新能源车订单，以及基于比亚迪"542"战略将陆续上市的唐、汉等新能源车型，比亚迪成为业内一致看好的新能源汽车领军企业，"用实际行动引领行业发展"。

此外，打动评委的另一重要因素是比亚迪的三大绿色梦想愿景。评选委员会表示："太阳能发电、储能系统储电、电动车用电是比亚迪的三大绿色梦想战略，旨在构建一个零排放、零污染的'未来村'，有助于改善全球的能源消费结构，包括提升可再生能源的消费占比、降低对石化能源的依赖，以推进全球和平进程，促进全球环境问题的改善。"

近年来，比亚迪不断创新的技术和长期绿色愿景正逐渐获得业界和全球权威第三方的认可和肯定，在2014年年初的世界未来能源峰会期间，比亚迪创始人兼总裁王传福摘得全球最权威、最有价值的环境领域奖项——"扎耶德未来能源奖"个人终身成就奖。正如颁奖词总结的："在未来，比亚迪将继续运用专业的领先技术和绿色产品为下一代创造更加绿色的地球。"

相关链接》》

比亚迪获新能源车领域首个中国专利金奖

2015年12月15日，第十七届中国专利奖颁奖大会在京隆重举行。在知识产权及法务处、第十四事业部、汽车工程研究院、第二事业部、电力科学研究院及财经处的共同努力下，我司四项新能源技术同获专利大奖。其中，公司混合动力专利技术斩获中国专利金奖，成为第一家在新能源领域得此殊荣的汽车厂商。捷报不止于此，秦外观设计专利、电动汽车电池专利技术、储能系统专利技术同时获得三项中国专利优秀奖。

技术为王，比亚迪三年两获专利奖。

中国专利奖是由国家知识产权局设立的政府部门奖，是我国唯一针对已授予专利权的发明创造所给予奖励的最高奖项，代表着中国自主创新的最高水准。迄今为止，比亚迪已经荣获2项中国专利金奖和10项中国专利优秀奖。这并非偶然，而是多年来公司高度重视自主创新和不断深化企业知识产权战略实施工作的结果。

公司副总裁罗红斌获邀作为金奖获奖代表在颁奖大会上发言，他表示："中国专利金奖让我们深刻感受到国家知识产权局、世界知识产权组织以及社会各界对新能源汽车事业的关心和重视，体会到了国家知识产权战略对创新发展的驱动。在创新的道路上，比亚迪一路走来，收获颇多。在全民环保信念的召唤下，我们将更加信心百倍地投入新能源汽车事业中。"

拥有核心技术，再加上销量持续升温的车型，比亚迪新能源车产业后续发展拥有无限可能。立足技术，几代人为之努力奋斗的"汽车强国梦"有望实现。

第十七届中国专利奖颁奖会比亚迪所获专利荣誉

序号	授奖名称	专利号	专利名称
1	中国专利金奖	ZL200810185950.0	一种混合动力驱动系统及采用该系统的汽车
2	中国专利优秀奖	ZL201010581609.4	一种电池模组
3	中国专利优秀奖	ZL201230059657.7	整车（秦整车外观）
4	中国专利优秀奖	ZL200910136165.0	一种用于平衡电网负荷的电池储能电站

第十七届中国专利奖颁奖会比亚迪所获专利荣誉

2015年中国专利金奖牌匾

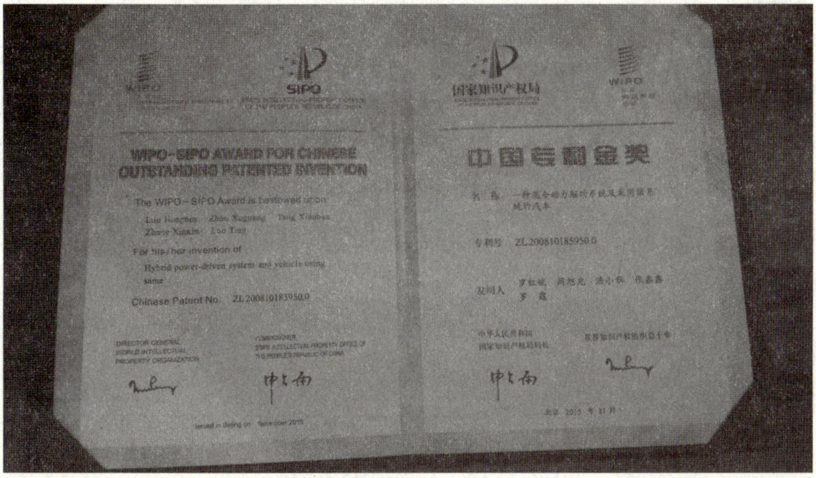

2015年中国专利金奖证书

2015年世界知识产权组织及国家知识产权局授予的金奖奖牌

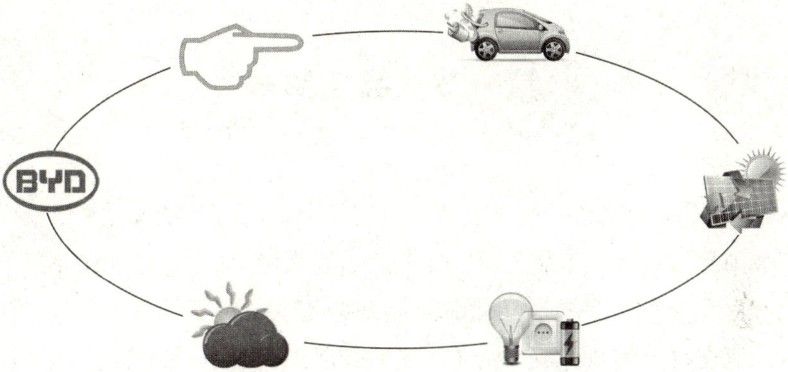

第七章
成功之源

导言：

比亚迪的成功是必然的。比亚迪扛起民族品牌大旗，书写汽车神话，赢得无数的认可与信赖。这一切都源于比亚迪的卓越品质与服务。

第一节　品质第一

从造车第一天起比亚迪就明确了坚定的目标："打造缺陷最少的民族汽车，打造国际级自主汽车品牌。"比亚迪始终坚持"品质就是生命线"，全面整合汽车制造业的生产链，以严谨的造车态度建立了近乎苛刻的品质管理体系，令比亚迪每个细节都成为精益品质的代名词，让中国人都坐上中国人自己造的好车。

比亚迪IQS 10

IQS是比亚迪内部品质评价体系及在此基础上建立的品质管理体系的简称，是一套以IQS（Initial Quality Survey）新车质量调查为主，WDI、PDI和VDS为辅，以降低产品故障和提升产品品质为目标的评价方法。比亚迪IQS 10是指今年4月1日以后出厂车辆"两年平均小于1个故障"。

IQS=（车辆售出后3个月内总故障数÷当月销售总量）×100%

IQS值越小代表发生的故障数越低，品质越好。

比亚迪严格按照IQS集成品质系统，精益生产，精选每个零部件，历经N次性能极限测试，88道严格检测程序，确保车辆在设计、生产制造、检测各个环节达到最佳水准。在冲压、焊接、涂装、总装生产全过程皆实现工艺提升，并在细节部分有针对性地进行零部件采购和重点提升，有效保障每一款产品的品质。所有的车，内部的IQS控制均要小于10%。

超长质保

2012年4月1日（含）起购买比亚迪全系车型可享受非营运车4年或10万公里、营运车1年或10万公里的整车基本质保期限。

新能源汽车e6先行者、F3DM车型的关键零部件可享受非营运车6年或10万公里、营运车1年或10万公里的质保期限。

比亚迪的超长质保主要体现在六个方面，如下图所示。

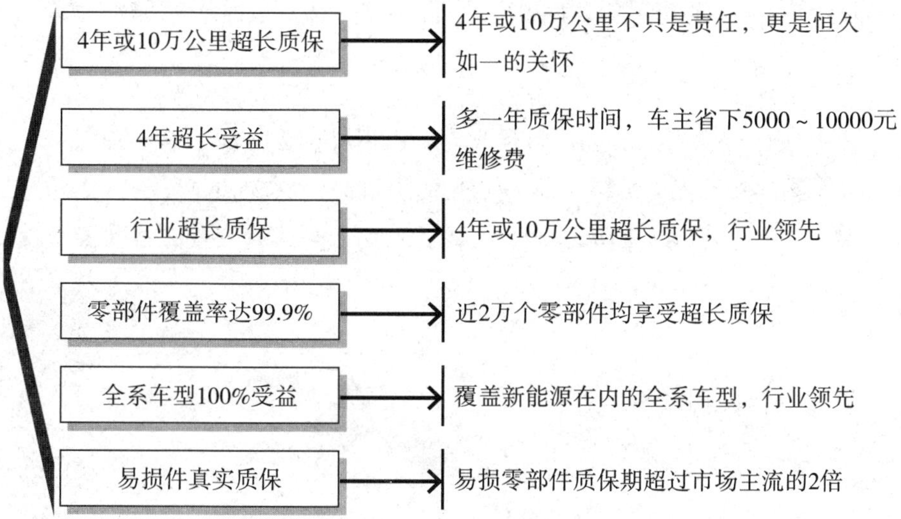

超长质保的表现

品质工艺

与奔驰合作之后，比亚迪每一款车均融入奔驰的百年品质管理理念，在冲压、焊接、涂装、总装生产全过程皆实现工艺提升，并在细节部分有针对性地进行零部件采购和重点提升，有效保障了比亚迪的每一款产品品质。

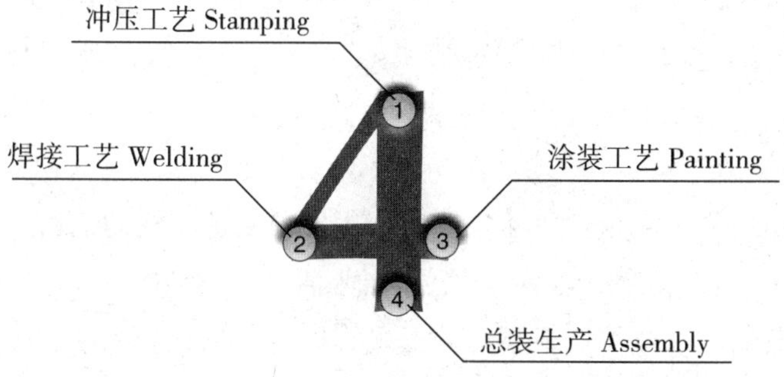

四大品质工艺

冲压工艺

2010年4月6日，比亚迪收购了全球最大的独立汽车模具生产企业——拥有全球领先的模具生产设备和相关技术的日本荻原公司，然后对车身尺寸精度、细节设计等进行改造和升级，使得产品拥有世界一流水平的外观质感。

焊接工艺

比亚迪针对流程细节进行重点改善，引用外国先进技术确保细部工艺水准，如采用莫托曼焊接机器人在保证质量的同时实现柔性生产、ABB包边机器人针对不同部位使用不同滚边压合、采用蓝姆公司焊接夹具提高装配精度和效率。

莫托曼焊接机器人

涂装工艺

比亚迪使用日本帕卡空腔注蜡工艺，很好地保证车辆的抗腐蚀性能，实现车身10年以上的防腐要求。特别与德国专业油漆供应商PPG合作，并采用供应商可以参与漆面质量改善环节的合作形式，同时采用瑞典ABB喷涂机器人进行全自动化操作，使车身漆面光鲜亮丽。

总装生产

比亚迪运用完善的国际品牌供应商体系，根据前期市场调查结果，有针对性地进行零部件采购。如雨刷、制动系统为德国博世所供应，玻璃、喷油器、真空助力器等也与知名供应商合作。在车身降噪指标提升方面，比亚迪引入瑞士Sika空腔阻断技术，在车身A柱、B柱、C柱等多处空腔填充阻断材料，能良好吸收、阻隔汽车行驶时产生的噪声。

相关链接 》》

出口欧美日 比亚迪借新能源汽车实现全球化

21世纪初，中国车企曾掀起过一波国际化浪潮，吉利、长城、奇瑞等车企纷纷在俄罗斯、东南亚国家、南美国家开设工厂，以CKD的方式进行海外生产，或者直接出口整车，国际化经营一度有声有色。但随着海外市场环境的变化，比如国外政府出于对本国车企的保护而提高进口关税、中国汽车在海外市场缺乏成熟的销售和售后服务网络、产品质量差等因素，CKD和整车出口量逐年减少，这一波国际化浪潮逐渐平息。

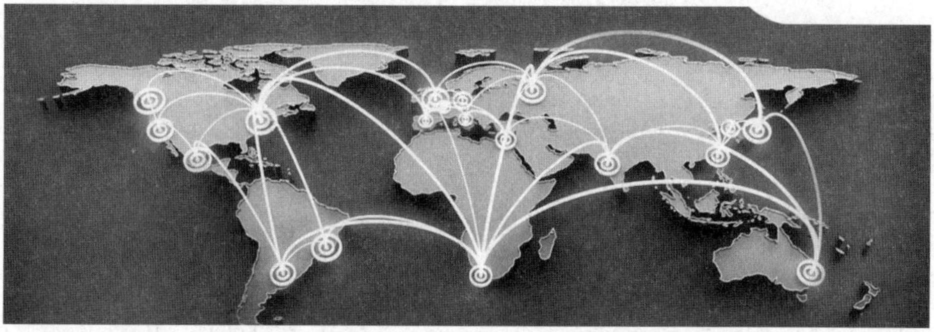

比亚迪新能源汽车全球运营足迹

新能源汽车的发展给了中国车企再一次全球化的机遇，在过去几年，以比亚迪为代表的中国车企，利用新能源汽车的发展提供的发展机遇开启了新一轮全球化之路。

新能源全球逆袭　成就冠军销量

目前，在海外市场，比亚迪俨然已经成为中国新能源汽车的代名词。当有些车企刚刚进入新能源汽车领域的时候，比亚迪的新能源汽车已经上路跑了好几年；当有些车企的新能源汽车刚刚上路的时候，比亚迪的新能源汽车已经冲出国门，打入美国、欧洲、日本等发达国家和地区市场。

2015年，比亚迪新能源汽车以61722辆的成绩，超越了特斯拉、三菱，夺下全球新能源汽车销量冠军，销量数据直接反映了市场对比亚迪技术和品质的肯定。销量见证实力，比亚迪扛起“新能源汽车引领者”大旗，代表中国汽车品牌在海外遍地开花。

据电动君不完全统计，截至2015年年底，比亚迪新能源汽车已经出口到包括美国、英国、荷兰、日本、巴西、乌拉圭、智利、墨西哥等在内的43个不同的国家和地区，190多个城市。

伦敦红色巴士

出口日本：

2015年2月，比亚迪纯电动大巴K9登陆日本京都，成为首个成功进入日本市场的中国汽车品牌。

出口美国：

2013年5月，比亚迪北美大巴及电池工厂落地美国加利福尼亚州兰卡斯特市。同年6月，美国第二大公交公司洛杉矶郡大都会公交公司董事会批准购买25辆比亚迪纯电动大巴。

2015年4月底，比亚迪斩获美国加利福亚尼州长滩市60辆纯电动大巴K9订单，创美国最大纯电动大巴订单纪录。

2016年2月，美国加利福尼亚州羚羊谷交通运输局宣布，订购85辆比亚迪纯电动大巴，预计未来5年内陆续交付（首批包括18米的K11和13米的C10在内的29辆大巴将在1年内交付）。时隔不到1年，比亚迪又再次收获美国加利福尼亚州的大订单，美国政府对比亚迪新能源巴士追加订单，也体现了比亚迪新能源汽车的高品质和实力。

出口英国：

2013年，比亚迪新能源汽车e6就已进入英国市场（在特斯拉ModelS登陆英国之前，续航里程达到186英里的比亚迪e6是当时英国上市的续航里程最大的纯电动车）。

从2015年10月开始，比亚迪将向英国伦敦供应超过4000辆双层电动大巴（协议金额达6.6亿英镑的纯电动大巴订单）。

出口荷兰：

2013年7月，荷兰Schiphol机场35辆纯电动大巴招标项目花落比亚迪。

比亚迪掌握电动新能源汽车核心的技术和核心的生产能力，日本、美国、英国等汽车强国才向比亚迪开启绿色通道。当别人都在“逆向研发”寻找捷径的时候，比亚迪坚持自主研发，是目前全世界唯一一家拥有自己的动力电池工厂、新能源乘用车、商用车、特种汽车制造能力的车企。截至2015年4月，比亚迪全集团累计申请专利12580项，其中8846项专利已被授权。

屡屡获奖　回击各方质疑

比亚迪为全球低碳能源做出的贡献得到国际社会的认可。比亚迪获得联合国颁发的联合国能源特别奖，成为第一家获此殊荣的中国汽车企业。

2016年1月18日，在阿联酋阿布扎比，比亚迪击败一同入围最后一轮的两家世界500强企业，成功从来自全球97个国家和地区的1437份参选申请中脱颖而出，历史性地摘得堪称新能源界的“奥斯卡”的扎耶德未来能源奖大型企业类奖的桂冠，成为中国首家获得大型企业类奖项的企业，荣膺能源领域的企业最高荣誉。

此前，比亚迪董事长王传福曾在2014年荣获扎耶德未来能源奖个人终身成就奖，比亚迪也因此成为全球唯一一家包揽该奖项大型企业类奖和个人终身成就奖的企业。

扎耶德奖评审委员会在授予比亚迪总裁王传福个人终身成就奖时给予了高度评价，认为王传福在比亚迪公司的绿色产业发展过程中起到了不可替代的关键性决策作用，并对世界新能源领域做出了卓越贡献，其提倡的城市公共交通电动化解决方案也是其获得该奖的一大因素。

2015年9月，比亚迪从来自全球的诸多竞争者中脱颖而出，一举拿下联合国能源特别奖。这是联合国成立70年以来，第一次针对新能源行业的奖项，联合国秘书长潘基文更是亲手把奖项交到比亚迪代表的手上。

一直以来，对于比亚迪的新能源战略，社会上有各种各样的质疑，这些高含金量的国际奖项有力地回应了这些质疑。

积极参与全球公益事业　树立国际品牌形象

2015年5月14日，比亚迪作为唯一受邀新能源企业现身联合国，参与“每个妇女每个儿童EWEC”的高端研讨会，用中国企业的科技力量应对这一全球问题。

2015年12月，作为中国唯一受邀的新能源汽车企业代表，比亚迪董事长王传福出席第21届联合国气候变化大会，与各界人士共议气候问题，以科技促环保。

正如王传福所说的那样：“比亚迪除了是唯一能生产纯电动双层大巴的企业之外，也是唯一能在全球四大洲坐拥数十家纯电动大巴生产工厂的车企，中国、美国、巴西、英国都有我们的大巴生产线，这将极高效地服务于每个需要清洁大巴来改善环境的城市。”

2015年圣诞节，比亚迪形象片在美国纽约时代广场首秀，在“世界的十字路口”与人们欢度圣诞。

2016年春节前夕，在英国伦敦希思罗机场、德国法兰克福机场、法国巴黎戴高乐机场的大屏幕上，比亚迪又以宣传片的形式为归家游子送上温暖，以“回家过年，为心灵充电”为标语，展现出企业的人文情怀。

比亚迪在销量问鼎全球新能源市场的同时，承担起更多的社会责任，用自己的实际行动当好一家有温度、有担当、有社会责任的车企，这展现出比亚迪不断成熟的品牌实力和不断拓展的国际视野。一个兼具核心技术与产品实力，以及肩负社会责任的企业才能在国际化道路上走得更远更稳健。

相关链接

“两年平均小于1个故障” 这款新能源车是如何做到的

汽车作为交通工具，在日常使用当中，尽管有4S做常规的保养，但有时还是难免出故障。但是，有一款新能源车型，却能实现“两年平均小于1个故障”。那么，它究竟是如何做到的呢？

真正的友情能够经得起时间检验，真正的品质能够经得起重重考验。这是一个很浅显的道理，却是一个很难做到的事实。以汽车产品而言，一些被老百姓认可的经典车型在这方面为车企树立了榜样，这些车型人尽皆知。但还有一些后起之秀，在这方面同样不甘示弱，通过重重考验，展示了自己的优异品质。这其中，有一款杰出的新能源车型，它就是比亚迪秦。

比亚迪秦

重重考验见证优异品质

比亚迪秦自生产伊始，始终坚持高标准、严要求，而严谨完善的IQS 10质量体系也成为比亚迪秦卓越品质的可靠保证。

说起比亚迪IQS 10质量体系（BYD IQS 10 quality system），那在业界可以说是鼎鼎有名，是由比亚迪内部品质评价体系及在此基础上建立的品质管理体系组成的。这是一套以IQS（Initial Quality Survey）新车质量调查为主，WDI、PDI和VDS为辅，以降低产品故障和提升产品品质为目标的评价方法。比亚迪IQS 10简单来讲，是指出厂车辆“两年平均小于1个故障”。如今通过狠抓品质建设、健全的标准化体系，比亚迪IQS质量控制体系已经达到了IQS 10的标准，同时，比亚迪在2012年年初发布了4年或10万公里的超长质保政策，覆盖旗下全系车型及99%的零部件。它标志着比亚迪车型品质达到或超过主流合资品牌水平。

为达到IQS 10，比亚迪已进行了持续两年多的品质提升和体系建设：通过不断升级工艺装备并与全球知名供应商，如博世、PPG、博格华纳等合作，合力打造高品质产品；采用IQS标准化品质管理体系，从各个生产环节严格把关，将品质意识渗透至企业管理中，带来了品质的切实提升。此外，还通过工艺装备改

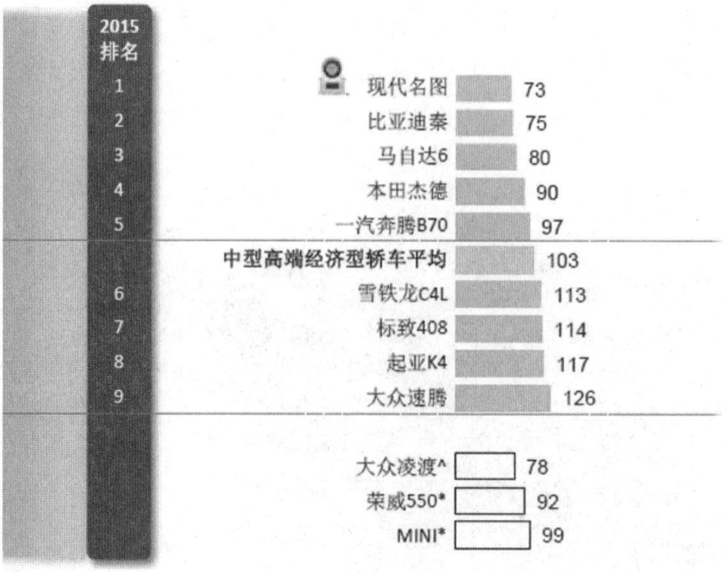

2015年汽车品质排名

良，如花巨资引进世界先进的涂装机器人、空腔注蜡工艺设备、四轮定位设备等，以及收购日本获原馆林模具厂，使模具技术接近日本模具技术水平，并在整车安全性、整车间隙、关门力、关门速度、整车防腐、整车NVH静音技术等方面取得突破性进步，使整车工艺水平再上一个新台阶。

如果说，IQS 10质量体系属于比亚迪内部标准，担心有失公允的话，那么第三方权威机构J.D.Power则是公认的公正和客观。在J.D.Power公布的2015年中国新车质量研究（IQS）报告中，比亚迪秦以75分的优异成绩荣登中型高端经济型轿车榜眼位置，在一众老牌合资车型中脱颖而出。这一报告真正确立了比亚迪秦的品质地位。

俗话说："实践是检验真理的唯一标准。"在2014—2015年，比亚迪秦连续两年夺得中国汽车拉力锦标赛（CRC）SAE组别冠军，并通过了鸡西站零下30摄氏度的超低温考验。众所周知，CRC是一项非常考验性能的赛事，当然也是一项相当烧钱的赛事，参赛车型往往需要进行大量的改装，但比亚迪秦直接用原装动力参与比赛，从而节省了传统燃油赛车爆改的巨大开支。并且，比亚迪秦还起用清一色的中国年轻维修技师搞定一切问题，不用求助于老外，因为比亚迪除轮胎和玻璃外，几乎所有零部件和软件系统均由自己研发自己生产。也就是说，比亚迪秦赛车与量产车几乎完全一样，而蝉联两届SAE组别冠军，可见其品质可靠性。

超长质保领先行业水平

自比亚迪在2012年年初公布新能源车型享受4年或10万公里的超长质保政策后，又在2013年12月其上市之际，公布比亚迪秦新车享受6年或15万公里的整车超长质保，关键零部件保修8年或15万公里，电芯终身保修。我们知道，对于新能源车型来讲，电池是最为核心的部件，而敢说电池终身免费维修，说明比亚迪在这方面有着绝对的信心。

因为高贵，所以不跟随，因为坚强，所以不放弃，因为独特，所以不妥协，作为世界一流的新能源车型，比亚迪秦已经通过重重考验，品质值得信赖。

第二节　贴心服务

迪粉汇

迪粉汇是比亚迪为广大用户开发的掌控汽车移动生活的应用。通过迪粉汇，迪粉可以及时获取比亚迪最新的新闻资讯、查看自己爱车的各种相关信息、参加车主共赢活动、直接通过迪车会论坛APP端与车友交流、通过迪讯跟用户或跟比亚迪官方更亲密更快捷地沟通。

迪粉汇首页截图

相关链接 》

比亚迪在深圳召开首届迪粉大会

2015年1月20日，以“科技·驭变非凡”为主题的比亚迪首届迪粉大会在深圳举行，超过120名迪粉、近300位媒体从业者齐聚一堂，共享比亚迪新技术、新车型、新规划。比亚迪唐的预售，标志着比亚迪SUV年正式开启。

在本次迪粉大会上，首款“542”战略车型——唐开启预售，预售价具体为唐极速版60万元，比亚迪唐30万元。唐是全球首款三擎四驱双模SUV，超级三擎动力实现百公里加速在5秒以内（唐极速版4.5秒、比亚迪唐4.9秒）。比亚迪唐双模自由切换，短途纯电，长途混动，百公里油耗仅2升，结束了SUV的高能耗时代。这款车不仅依托三擎四驱开启超能革命，而且作为一款双模SUV，还为消费者在插电式混合动力车型上提供了更多的选择，也为比亚迪汽车销量开辟了一个新的增长点。唐极速版的百公里加速为4.5秒，采用赛车豪跑级刹车，三片式锻造轮毂等多项手工定制套件，动感奢华十足，整车根据赛事经验调校，实现了最佳操控感。

此外，比亚迪还略微透露出了更大的“雄心”——新能源汽车全产业链、全市场布局。在技术储备上，比亚迪已经掌握“电池—电机—电控”这一核心技术链，并通过“542”战略巩固技术领先优势以及新能源汽车领导者地位；在车型储备上，从秦到唐、宋、元，比亚迪将新能源车型从轿车拓展到SUV；在布局规划上，比亚迪提出新能源车7+4布局，除个人用车、公交用车外，还计划向货运车、工程车方面拓展。

相关链接 》

比亚迪“迪粉”聚会 王传福几度哽咽

2015年1月20日晚，比亚迪全球技术解析大会暨首届迪粉大会在深圳举行，在这场耗时近3个小时的大会中，比亚迪公布了插电式混动SUV唐的预售价，极速版和旗舰版车型分别为60万元和30万元。同时，比亚迪董事长兼总裁王传福，也深情地阐述了比亚迪对于未来的希望和梦想，而现场的120多名特邀而来的迪粉，成了整个活动最大的亮点。

情系前朝　比亚迪打造朝代系列

作为比亚迪技术的一次全面展示和展望，比亚迪以唐为代表，推出了在新能源车领域的“542”战略。比亚迪无疑希望通过“542”战略，为新能源汽车市场制定新的“规则”。

根据比亚迪的产品规划，除唐外，2016年二季度、三季度以及明年二季度将分别发布三款插电式混合动力车型——紧凑型SUV宋、小型SUV元以及中大型SUV明。比亚迪的SUV年，也随着唐的预售而正式开启。值得一提的是，明将采用“双模六擎四驱”结构，即“1个发动机+1个主电动机+4个轮毂电机”，有望实现王传福描述的“不会侧翻、不怕爆胎的安全汽车”。除此之外，比亚迪还计划推出商、汉等以中国朝代命名的车型。

2014年，比亚迪在新能源方面的成绩可圈可点。私人领域，插电式混动轿车秦年销量为14747辆，成为新能源车年度销量冠军；公共领域，e6纯电动出租车在国内售出3560辆，K9纯电动大巴更进入全球44个城市。在此背景下，王传福透露，比亚迪未来将实现新能源汽车全产业链、全市场布局，不仅在“三电”技术上巩固优势，同时也将进军工程、物流等多个领域。“比亚迪要‘把电动化进行到底’，不只是大巴，还包括出租车、私家车，还有矿山用车、机场用车，港口、码头等等。”王传福说，“至少我这一辈子是做不过来的，太多了，我们也不希望再做别的领域，这已经足够了。这就是我们比亚迪未来对整个电动车产业的规划。”

迪粉力挺　惹得老总现场落泪

活动当天，比亚迪公布了插电式混动SUV唐的预售价，极速版和旗舰版车型分别为60万元和30万元。不过，整场活动的主角却并非唐，在场的120多名迪粉成为一大亮点。甚至这场关于比亚迪车型、技术与战略的发布会，也被冠以“首届迪粉大会”的主题。

对外界而言，比亚迪总有一群数量庞大的神秘迪粉。凡是涉及比亚迪的新闻，总会引来大批迪粉捧场。他们是比亚迪的忠实粉丝，在各大汽车论坛上，他们为了维护比亚迪而与人争得面红耳赤，更是家常便饭。

在活动现场，120多名迪粉作为代表，受邀出席迪粉大会。迪粉“古道清风”在现场向大家讲述了迪粉们的故事。他们中有普通学生，有上班族，也有公务员，有占据淘宝鼠标业务70%的“鼠标哥”，也有自投百万入股比亚迪4S店、一心帮比亚迪改进销售业务的“布莱德舰长”，甚至还有远在大洋彼岸的外国友人。而“古道清风”本人，则是一名钻石进口贸易商。他们有人理性地制作比亚迪技术宣传片，有人感性地在论坛上与人争论被永久封号。而据介绍，这一切都是自发的，比亚迪“维护”这些迪粉的费用是零。

“一个能让飞船上天的民族，怎能没有民族汽车技术狂？”迪粉代表的这句话，引来现场的热烈掌声，也把比亚迪总裁王传福感动得潸然泪下，而在台上演讲的迪粉，也因为情绪过于激动，几度哽咽。而他们集体送给王传福的礼物，是一份集合迪粉集体智慧的改进建议书。

在迪粉看来，他们支持的不仅是比亚迪，更是以比亚迪为代表的自主品牌汽车。这样的表达，让比亚迪在现场展示的一项项“冰冷”科技，多了几分“情怀”的温度。而就在几个小时后的凌晨5时42分，比亚迪唐预售活动启动仅12分钟，包括98辆旗舰版和2辆极速版在内的100辆车便被抢购一空。

迪车会

迪车会就是比亚迪车友会，即比亚迪汽车俱乐部，创建于2004年年底，经历过几次论坛改版、服务器维护、技术升级后，现每日平均独立IP访问量达到2万次，已有23万多名注册会员。迪车会作为集合了BBS论坛、博客等形式的“网络社区”，成本投入小，堪称是比亚迪精心营建的口碑营销传播策源地，也是受比亚迪车主最认可的、最具影响力与代表性的、车友最活跃的车友会。

迪车会logo

第三节　品质售后

服务理念

比亚迪的售后服务理念主要包含三个要点，如下图所示。

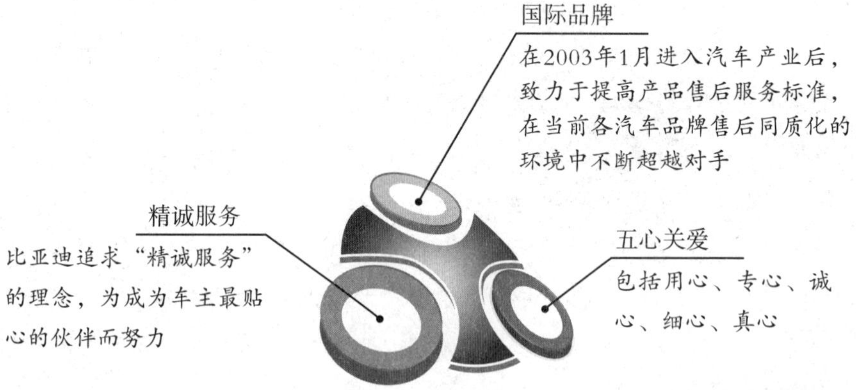

比亚迪售后服务理念

精诚服务

比亚迪精诚服务品牌建立于2006年，秉承了比亚迪汽车所有售后人“精于勤，诚于心”的服务理念。

唐代名医孙思邈在《大医精诚》一文中论述了有关医德的两个问题：第一是精，即要求医者要有精湛的医术，习医之人必须“博极医源，精勤不倦”。第二是诚，即要求医者要有高尚的品德修养，有“见彼苦

精诚
精于勤 诚于心
比亚迪精诚服务
Superior and Sincere Services

比亚迪精诚服务logo

恼，若已有之”的感同身受的真诚之心。

在“精”方面，比亚迪售后人坚信精湛的服务技术源于专业和勤奋。比亚迪汽车在全国600多个服务网点进行了专业的培训认证，引入先进的专业远程诊断系统。此外，还配备了专用蓄电池检测仪、制动液检测笔等21项专用维修设备以及绝缘手套、护目镜、绝缘胶垫、绝缘工具等21项新能源专用维修防护品等，新能源维修标准经过反复验证并推出，为新能源车主提供高标准的技术服务。

在“诚”方面，比亚迪售后人坚信真诚的服务态度来自责任与用心。比亚迪汽车针对传统燃油车提供4年或10万公里的超长质保，覆盖99.9%的零部件，新推出的秦等新能源车型更享6年或15万公里保修，电芯终身保修，而且质保期内秦车主可享受4次免费保养。比亚迪汽车坚持严格的星级评定制度，保证给顾客提供高标准的服务体验，目前已在全国建设了220多家比亚迪梦想影院，采用Avlight、Harman一流影音设备品牌，打造THX、DTS、DOLBY的专业级影院效果，给顾客提供数字、3D高清震撼体验。在每次保养或维修时，都会由比亚迪汽车专供的售后服务六件套进行车辆保护，以保证车辆干净整洁。此外，维修保养后，均会提供免费轮胎杂物清理等增值服务，为顾客车辆的安全行驶提供进一步的保障。

比亚迪汽车售后人把孙思邈“大医精诚”的理念引入汽车售后行业，将比亚迪精诚服务品牌定位为“专业、真诚”，有如下品牌特征。

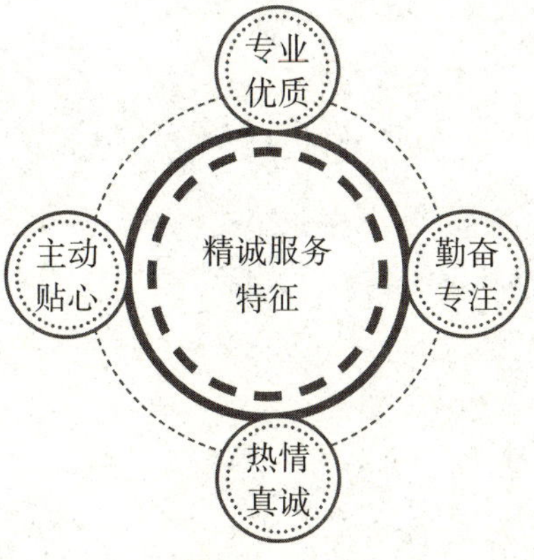

精诚服务特征

相关链接》》

比亚迪汽车精诚服务品牌荣膺
2014中国汽车服务金扳手奖“技术贡献奖”

2014年11月18日，中国汽车售后服务产业的年度盛典中国汽车服务营销峰会暨2014中国汽车服务金扳手奖评选颁奖典礼在北京成功举办。服务营销峰会齐聚行业领袖和业界精英，以“售后服务NEXT：数据驱动的汽车服务产业蓝图”为主题，深度探讨中国汽车售后服务产业的发展和转型。本次评选活动，比亚迪汽车精诚服务品牌本着“技术为王，创新为本”的发展理念，以用户体验为主导，始终秉承比亚迪精诚服务品牌“精于勤，诚于心”的服务理念，获得评委会及顾客的一致肯定，喜获2014中国汽车服务金扳手奖“技术贡献奖”，充分体现了比亚迪在过去一年中售后服务方面的优异表现。比亚迪汽车销售有限公司副总经理高子开、服务工程部经理居治国参与领奖。

2014中国汽车服务金扳手奖
“技术贡献奖”奖杯

2014中国汽车服务金扳手奖
“技术贡献奖”奖牌

未来，比亚迪汽车将继续加大对终端服务店软硬件的投入，执行“满天星计划”，力争年底实现有效渠道的硬件及管理水平均达到比亚迪星级标准，打造比亚迪精诚服务品牌，为顾客提供便捷、优质的服务体验，提升顾客满意度。

中国汽车服务金扳手奖由搜狐汽车事业部、《汽车与驾驶维修》杂志于2006年联合发起、主办，是国内目前唯一由媒体发起、主办的关于国产及进口乘用车售后服务的评选活动，除了保持往年以国产和进口乘用车服务品牌、品牌二手车为评选对象的习惯之外，本届评选适时将汽车品牌租赁纳入评选范围，通过严格的评选标准，综合考察候选品牌的服务能力和用户满意度，全力打造中国汽车服务价值坐标系。在评选中，不仅考量候选品牌的软硬件能力，还通过杂志、网络广泛征集车主们对这些服务品牌的满意度。作为汽车维修人员最基本的维修工具，扳手的形象一直是汽车维修行业的象征，虽然现代的汽车维修更多是依赖汽车诊断设备和专用工具，但不少乘用车品牌的服务标识、服务品牌中依然缺少不了扳手这个形象。因此，主办方采用金扳手这个形象，表彰过去一年中在技术贡献、服务质量、客户满意度、服务技术、服务品质等诸多方面做出突出贡献的候选品牌。凭借庞大的参与人群和专业的权威性，中国汽车服务金扳手奖已经成为中国汽车服务领域最具影响力和知名度的年度榜单。

与往年不同的是，在2014年的评选过程中还加强了对售后服务的思考与探索，联合本行业与跨界先锋举办了多次重磅主题研讨会，共同推进行业难点、痛点问题的解决。为了让广大网友对于此次获奖的品牌服务有更加直观的感受，在评选结果发布之后，主办方还联合获奖品牌共同推出“金扳手体验行”活动，以榜样的力量引导更多消费者聚焦汽车服务，进而促进行业的良性发展。

服务流程

比亚迪的售后服务流程包含6个步骤，如下图所示。

比亚迪售后服务流程

预约

车主只需要提前致电比亚迪授权服务店进行服务预约，便可获得快捷专业的服务。包含三个方面的预约特权，如下图所示。

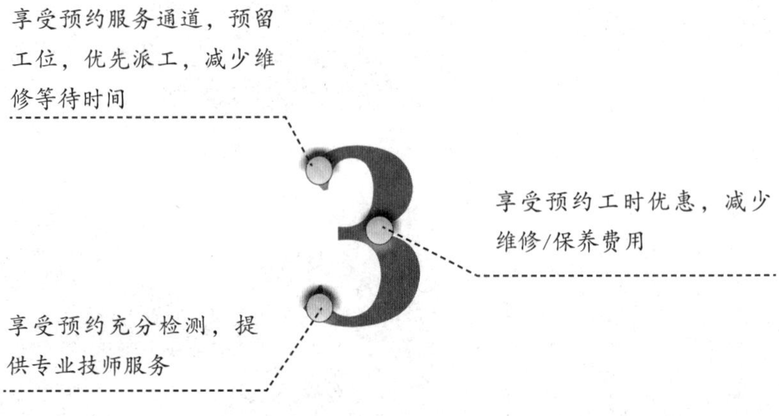

预约特权

接车

当车主到达比亚迪授权服务店时，售后服务顾问需第一时间热情接待，并与车主一起进行车辆环车检查。

检修

比亚迪授权服务店配置的专业诊断及维修设备，能对不同车系、车型进行良好掌握。

质检

比亚迪授权服务店对维修完工的车辆严格执行三级检验。即维修技师完成每项操作进行自检，班组长对本组维修技术的维修工作进行复检，后报车间质检人员进行终检。

交车

交车包括：交车前准备，交车过程，维修项目和费用解释、引导结算，送行。

跟踪

车辆出厂后3个工作日内回访，并定期由顾问关系经理带队，选择一定比例的客户进行上门回访。

相关链接 》》

迪车小贴士

为了使您能够正确使用爱车，增加您对爱车的养护意识，维护自身的权益，请避免下列问题的产生：

（1）没有保养及保修手册或车辆的发动机号、出厂编号与所持保养及保修手册不符及涂改其中记录和内容的车辆。

（2）没有按规定到服务店进行首次走合保养和定期保养的车辆。

（3）不按随车发放的使用手册上规定的牌号使用汽油、润滑油、制动液、防冻液或由于保养或保管不善（含顾客自行添加各种牌号的保养剂、添加剂）等原因造成的损坏。

（4）由于长期不使用车辆而引起的异常状态。

（5）由于外部原因造成的漆面损坏：

> 明显的外部原因（如细石子的溅击或碰撞所致的损坏）产生的漆面划伤、擦伤；

> 由于电瓶液等化学物品腐蚀；

> 树枝液及鸟粪等的腐蚀；

> 明显的漆面流痕、漆雾等；

> 明显的修补痕迹、表面失光等现象；

> 漆面表面出现的龟裂现象；

> 由于天气原因造成的漆面剥落。

（6）由于经销商买断或某种原因降价处理的车辆。

（7） 由于没有进行适当的检查维护，没有正确地使用引起的故障；由于车辆售出后，顾客在非比亚迪汽车公司授权指定的服务店进行修理引起的异常状态和故障。

（8）顾客自行改装、加装的零部件没有经过公司认可的。

（9）由于未使用销售公司供应的比亚迪备件导致的故障。

（10）由于顾客超载或在不良路面以较高速度行驶造成的损坏。

（11）当整车已发生故障，顾客未及时检修而继续带故障行驶引起其他故障及零部件损坏。

（12）由于人为因素和交通肇事所造成的车辆故障。

（13）无证据说明车辆存在质量缺陷的烧毁车辆。

（14）因不可抗拒因素（如火灾、水淹、塌方、战争等）造成的损坏。

相关链接》》

是非比亚迪：变速箱质量屡遭投诉 质检总局介入

2015年12月10日，一则关于“比亚迪违反三包法，被国家质检总局介入调查”的消息在网络上广泛传播，事情源于比亚迪车主要求国家质检总局的政府信息公开的申请。消息称2015年10月21日国家质检总局收到比亚迪车主申请，要求将“关于比亚迪违反三包法，双离合没有写入三包凭证，双离合严重质量缺陷的处理”的政府信息公开。

而在此之前，比亚迪汽车的投诉一直不断，其中关于变速箱及双离合的投诉数量居比亚迪汽车全部投诉之首。

变速箱的质量忧思

中国质量万里行投诉数据显示，2015年1～12月收到的关于比亚迪汽车的100条投诉中，投诉变速箱问题的有35条、双离合问题的有26条、异响问题的有27条、三包问题的有7条、漏油问题的有8条、售后服务问题的有22条。其中，变速箱问题及双离合问题居第一位和第二位，变速箱问题占比亚迪投诉的35%，双离合问题占26%。

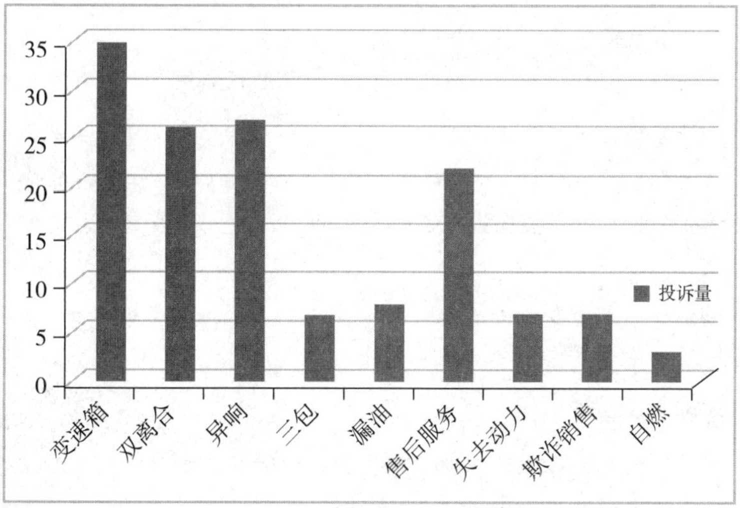

比亚迪汽车投诉分类统计图

关于比亚迪汽车变速箱、双离合存在的质量问题，中国质量万里行投诉平台不断收到投诉，质疑其存在质量缺陷。

2012年比亚迪速锐自动豪华版，行驶里程63000公里，按时4S保养，目前双离合器一半离合间隙值为932，已超出900的安全标准，厂家以汽车暂时未有故障码（汽车故障代码）为由拒绝了更换离合或者变速箱的申请。

BYD G6 自动尊荣型，购车5个月，行驶里程9980公里左右，出现爬坡双离合打滑，煳臭味，检查发现离合器一半离合间隙值为966，离合器两半离合间隙值为827。

2012款速锐TID自动豪华型，正常驾驶6000公里时数次遇到SVS失去动力，后在9800公里时检查发现离合片磨损，需要更换离合片。

青岛王先生2013年5月底购买比亚迪思锐，新车开了900多公里开始丢失1挡、3挡、5挡，去4S店更换一次离合器盘，使用一段时间后顿挫、异响，高速时丢挡，直到2保时检查，又是离合器间隙过大，再次更换离合器盘。之后不久，P挡挂D挡，要延迟三四秒车才动，没几天P挡挂D挡就不动了，打电话给400，400安排4S店拖车救援，经检查是变速箱的电液模块损坏，于是进行了更换。现在公里数是23000公里，又开始顿挫、异响。

山西临汾王先生的比亚迪S7，是2015年9月3日购买的，新车半个月出现变速箱异响，两次更换离合器，维修三次未果。

丘先生反映，在4S店看到同样问题、差不多里程更换离合片和电液模块的车络绎不绝，4S店承认这是这款变速箱的通病。按此寿命，每1万公里左右就需要更换离合片，4年出保以后带来的是天价的维修费用以及可怕的驾驶隐患。强烈要求比亚迪公司对变速器缺陷进行召回以解决事故隐患以及延长6DT25变速箱的保修时间。

2015年10月29日，国家质检总局已经针对“比亚迪违反三包法”进行公开回复和调查。

国家质检总局介入

比亚迪车主认为，比亚迪三包凭证里面给出的变速器只列出AT/CVT变速器箱内离合器，没有DCT离合器及没有明确列出DCT变速器三包的主要零件的种类。事实上，比亚迪在售车型中根本没有一款车使用AT/CVT变速器，所以比亚迪涉嫌违反三包法要求。

国家质检总局根据《中华人民共和国政府信息公开条例》第二十一条第（一）项的规定，对车主“关于比亚迪违反三包法，双离合没有写入三包凭证，双离合严重质量缺陷的处理”的政府信息公开要求进行公开回复。

关于“关于比亚迪违反三包法，双离合没有写入三包凭证”事项，回复指出，根据国家标准《家用汽车产品主要零件种类范围与三包凭证》（GB/T 29632—2013），变速箱的箱体、齿轮、轴类、轴承等应当作为主要零部件，列入三包凭证范围。同时，部分变速器内置动力传动元件的，其动力传动元件（含离合器、制动器）作为变速器主要零件应当在三包凭证上明示。

关于“双离合严重质量缺陷的处理”事项，针对比亚迪汽车双离合自动变速箱问题，国家质检总局按照《缺陷汽车产品召回管理条例》的规定，已通知生产者开展调查分析，相关调查工作正在进行中。根据《缺陷汽车产品召回管理条例》规定，如果生产者未按照通知开展调查分析的，国家质检总局将开展缺陷调查。

业内人士认为，通过以上的公开信，可以得到的信息是，比亚迪厂家没有把双离合变速箱纳入三包范围内。这一点显然是违反了国家汽车三包法的相关规定，一旦消费者遇到双离合变速箱的问题，就会被厂家拒绝退车。面对变速箱这样的大件问题，对于车辆的安全性还是会有很大的隐患，如果不及时解决，后果不堪设想。

借鉴模仿来的自主研发成果

2011年推出的比亚迪G6是比亚迪技术上的一个全新突破，其采用了全新自主研发的1.5T涡轮增压发动机和6速双离合变速箱，虽然这两个技术是比亚迪逆向研发大众技术的结果，不过比亚迪能够全盘吸收并有所创新也算是中国品牌车型在技术上的一大突破。

比亚迪变速箱配置信息

型号	6DT25
最大传递扭矩	250牛·米
前进挡数/倒挡数	6个/1个
重量	约70千克
匹配发动机型号	匹配比亚迪1.5T涡轮增压发动机，搭载在速锐、G6车型上

资料显示，比亚迪代号为6DT25的双离合变速器的核心技术如双离合器模块、电液控制系统以及控制单元全部由比亚迪自主研发制造，目前主要用来匹配比亚迪的1.5T涡轮增压发动机，它的推出很好地弥补了自主汽车品牌由于缺少自动挡车型或者由于购买技术相对落后的自动变速器而导致的产品竞争力不足。

专业人士介绍，AT变速器一向以技术复杂、制造难度高著称，而双离合变速器在齿轮传动系统上几乎与手动变速器一致，关键在于前面提到的那几项核心技术。综合来看，双离合变速器的制造难度还是要小于传统的AT变速器，因此采用自主研发并且选择攻坚目前还算时髦的双离合变速器则成了比亚迪的首选。

这台6DT25采用电子液压系统来控制离合器的结合与分离以及对挡位进行选择。由于自动变速器的控制精度很高，所以油路系统中形式各样的滑阀也要拥有很高的制造精度，同时，在各种复杂恶劣的工作环境下对起到润滑、散热以及进行力传递作用的油液本身也提出了很高的要求。

比亚迪这台双离合变速器的油液供应商与大众的7速DSG的油液供应商为同一个海外供应商，比亚迪的技术人员向媒体介绍，他们与供应商通力协作，很好地解决了油液在特定条件下可能会产生结晶的问题，也就是不会因为油液而导致挡位缺失的情况。

大众DSG双离合变速器出现缺陷后，比亚迪双离合变速器曾认为在借鉴模仿的基础上，很好地摒弃了被仿对象上的一些问题，同时确保产品的可靠性。

逆向研发也是本事

10年前比亚迪仅有一款竞争力并不强的福莱尔车型，2005年建立了一条20万辆产能的生产基地，同年推出了旗下的产品比亚迪F3。

比亚迪F3这款车型被媒体誉为比亚迪发展初期的大功臣。当时比亚迪要在没有太多基础的情况下，短时间内迅速制造出受欢迎的汽车，采取的方法就是逆向研发。业内媒体消息称，比亚迪每年都会花数千万元购买各个品牌的全新车型进行拆解学习，奔驰、宝马、雷克萨斯、丰田、本田，应有尽有。

有业内媒体指出，就是在这样的“研发”背景下，2005年，第一款真正为比亚迪打开汽车市场的F3车型诞生了。这款车型最大的亮点除了外观和丰田花冠几乎一致以外，就是其低廉的价格，仅售7.38万元起，可以说把当时紧凑型车动辄需要15万元的售价拉下神坛。F3的巨大成功，让比亚迪品尝到了逆向研发的好处。于是其加快了研发的步伐，在随后的几年里，比亚迪分别针对不同的原型车研发出了比亚迪F0、比亚迪F3R、比亚迪G3、比亚迪L3、比亚迪F6、比亚迪M6等车型，新车研发速度相当惊人。

“2015年成为中国第一，2025年成为世界第一”，这句口号表明了王传福对比亚迪寄予的厚望。

2007年比亚迪推出S8——中国品牌首台硬顶敞篷跑车，预售价15万～20万元，打算以此进军高端汽车市场。由于发动机、变速箱等关键零部件技术匮乏的问题难以得到解决，产品质量也一直得不到改善，最终S8项目因关键零部件技术含量低、质量欠佳宣告失败。

不过，比亚迪并没有停止向中高端车进军的脚步，中型车思锐于2013年上海车展正式上市，七款车型售价区间为10.39万～15.09万元。思锐全系标配了12.1英寸（1英寸=2.54厘米）全液晶数字仪表盘、无钥匙进入、ESP车身稳定系统、前排双气囊、中控台10.2寸液晶屏、GPS语音导航、数字电视、双区自动空调、电动天窗、6探头前后倒车雷达等。与竞争对手相比，思锐的优势在于拥有更丰富的配置，使它成为性价比较高的一款产品。

2014年比亚迪继续推出一款名为G5的新车，它的定位略高于速锐，售价在7.59万～10.29万元之间。10月推出名为S7的SUV车型。外观方面，比亚迪S7与S6有一定相似之处，但比后者更显大气，细节处的全新设计让整车多了一分时尚、精致之感。4835毫米×1855毫米×1720毫米的车身尺寸相较S6整整大了一圈，经过重新设计的车尾同样变得更加立体。

电池起家优势　轻松进军新能源

2008年，在节能减排的大政策下，不少汽车生产厂家借此机会推出混合动力，乃至纯电动车型，比亚迪凭借自己电池生产商起家的优势，轻松进入新能源汽车生产行列，地方限行、限购，国家通过补贴扶持鼓励使用新能源、发展新能源汽车的政策，促使比亚迪新能源汽车抢得市场先机。

股神巴菲特看中比亚迪在新能源车方面的潜力，以18亿港元收购比亚迪汽车10%的股份，为比亚迪开发新能源车产品提供了资金保障。

在一系列利好政策的前提下，拥有双模动力系统的比亚迪F3DM陆续在国内上市，这款售价14.98万元的新能源车以比亚迪F3为基础打造，由两台电动机及一台汽油机共同提供动力，综合输出功率为125千瓦，充满一次电需要9个小时，纯电状态下续驶里程为100公里，后来比亚迪e6、秦、唐等一系列新能源车陆续上市。

不断逆向研发与新车型的推出使比亚迪成为自主车品牌的“活跃分子”，市场占有率也不断提升，截至2015年10月，比亚迪汽车在中国在售品牌中排名第16

位，占中国在售品牌份额为2.17%。

违反三包法挫伤消费者信心

比亚迪采用逆向研发的方法不仅在短期内造出了汽车，而且大大节省了研发成本，虽然一度被指模仿抄袭，甚至背上“山寨”汽车的名声，但这种方式使比亚迪生产的第一款车型F3为比亚迪带来了巨大的成功。随后一系列车型的上市以及新能源车的不断升级，使坚持自主研发的比亚迪汽车成为中国自主品牌的主力代表车型，逐渐开始获得消费者的认可。

在这个比亚迪顺利发展，树立自主品牌形象、增加消费者对自主品牌的消费信心的关键时刻，比亚迪公然违反三包法，一项新研发的双离合技术没有经过足够时间的磨合测试，汽车批量上市销售却没有写入三包凭证，在质量问题频频出现的前提下，无法避免消费者对产品质量的质疑、对消费信心的挫伤。

比亚迪变速箱屡屡出现质量问题、双离合被指存在严重质量缺陷，但却没有被列入三包范围，厂家也没有任何对消费者做出汽车质量安全负责的表态或调查、召回等行动，这在一定范围内影响的不仅仅是比亚迪单个采用双离合变速器的车型，也不仅仅是传统燃料车型。

新能源汽车生产上市以来，国家及地方积极努力出台各种优惠补贴政策，扶持推广力度不可谓不大，但是其市场份额及增长量却远远不及政府所做的努力。当然，重要原因是因为目前新能源汽车续航里程低，充电设施配套还远远不能满足用户需求。但是，《中国质量万里行》记者调查还发现，消费者对于新能源汽车使用电池的性能、寿命及安全性还存在疑虑，这也是新能源汽车得不到快速推广的一个重要原因。

如何让消费者放心购买？如何减除消费者疑虑，树立消费者购买信心？只有建立完善的售后服务保障体系。如果自己都没有信心将产品写入三包凭证，凭什么让消费者信任。

中国汽车工业协会常务副会长兼秘书长董杨曾经说过：汽车作为产品，在生产过程中不可能完全不存在一点问题，但是你生产了并且卖给消费者，你就要对产品负责。出问题不可怕，但出了问题就要负责到底，要召回。

如果汽车厂商都能做得到这一点，何愁消费者不信任。

失去消费者的信任就是失去生产厂商的客户，就是失去汽车产品的市场份额，就是失去厂家及汽车品牌的前程，更甚者将会危害中国自主品牌的前程。

中国汽车工业从无到有，从完全依靠国外进口到合资生产经历了很长时间，进口车及合资车曾长时间占领着国内汽车市场。

在中国汽车工业政策转变后，经过国内生产厂家艰苦卓绝的努力，自主品牌汽车经过10年的发展，如今逐步壮大，汽车产品质量与进口汽车、合资汽车差距逐渐缩小，用户满意度逐年提升，市场占有率逐年增加，这时更需要的是自主品牌汽车用更好的售后服务，更强的责任感，勇于承担，有缺陷即时召回，才能树立起国人对自主品牌的消费信心。

就如广东佛山谭先生大修变速箱多次无果后，呼吁：①针对双离合组件、电液模块等DCT部件寿命短的问题，要求厂家正视问题，提出切实可行的解决方案，彻底解决该问题。②若无法彻底解决问题，至少要与其他厂商一样，延长质保至10年16万公里，为产品设计缺陷负责，而不是转嫁到车主身上。③依法公开向广大车主道歉，并声明更正三包手册中关于变速箱部分的保修政策，做到与事实相符，将DCT明文写入三包手册之中。

如果比亚迪不能正视谭先生的要求，难道受伤的只是谭先生，比亚迪失去的仅仅是谭先生吗?

对于“比亚迪违反三包法，双离合没有写入三包凭证，双离合严重质量缺陷”的问题，比亚迪厂家持什么态度?《中国质量万里行》记者致电比亚迪相关负责人，负责人表示：对于这一问题，稍后比亚迪厂方会出公告，在公告未出之前不便于表态，具体公告时间未能确定。

……………………………………………………………………………………

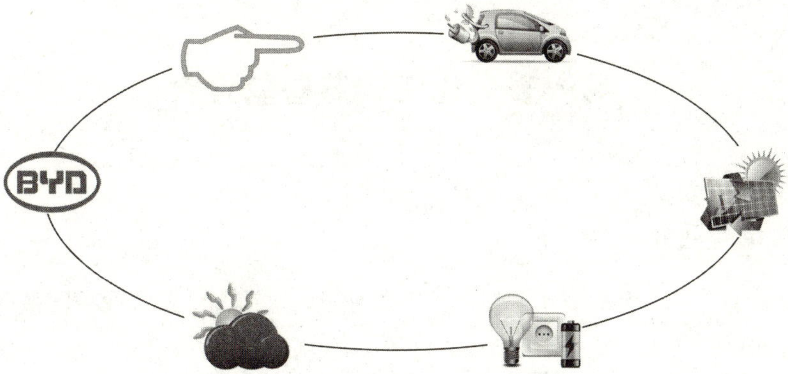

第八章 社会责任

导言：

在不断提升国际竞争力的同时，比亚迪始终关心社会公益建设，并积极参与社会公益事业。

第一节　比亚迪慈善基金会

基金会简介

比亚迪慈善基金会由比亚迪汽车工业有限公司捐资设立，于2010年7月在中国民政部登记注册（基证字第 1075 号），具有独立的法人资格，位于广东省深圳市坪山新区，是一家由民政部主管的全国性非公募慈善机构。

基金会理念

比亚迪慈善基金会坚持“科技创新推动慈善事业发展”的理念，基于比亚迪在新能源产业的成果，开发出绿色家庭能源系统，解决偏远无电地区用电需求，用科技创新给无电地区送去光明。

基金会宗旨

以“科技帮困、关爱弱小、携手助学、用心关怀、支持与推动企业慈善和社会公益事业的进步与发展”为宗旨，比亚迪慈善基金会积极投身慈善事业，用科技点亮生活，用关爱温暖心灵，用责任创建和谐，将慈善落到实处；打造科技慈善平台，塑造全新慈善理念。

相关链接

比亚迪慈善基金会志愿者报名表

<table>
<tr><td>姓名</td><td></td><td>性别</td><td></td><td>出生年月</td><td></td><td rowspan="5">照
片</td></tr>
<tr><td>籍贯</td><td></td><td>民族</td><td></td><td>宗教信仰</td><td></td></tr>
<tr><td>毕业学校</td><td colspan="3"></td><td>文化程度</td><td></td></tr>
<tr><td>身份证号码</td><td colspan="3"></td><td>政治面貌</td><td></td></tr>
<tr><td>事业部、部门</td><td colspan="3"></td><td>工号</td><td></td></tr>
<tr><td>爱好特长</td><td colspan="6">□写作 □英语 □体育 □唱歌 □跳舞 □策划、组织 □美术
□旅游 □摄影 □书法 □演讲 □武术 □计算机
□其他（请注明）</td></tr>
<tr><td>联系方式</td><td>手机</td><td colspan="2"></td><td>邮箱</td><td colspan="2"></td></tr>
<tr><td colspan="7">是否参加过义工组织或支教等其他社会或公益性的活动：□无　□有
如有，请简单进行介绍（时间、地点、服务对象、事项）：</td></tr>
<tr><td>简历</td><td colspan="6"></td></tr>
<tr><td>自我评价</td><td colspan="6"></td></tr>
<tr><td>申请理由</td><td colspan="6">申请人签名：　　　　年　月　日</td></tr>
<tr><td>慈善基金会
意见</td><td colspan="6">年　月　日</td></tr>
</table>

第二节 公益事业

圆梦行动

比亚迪慈善基金会长期、重点开展的项目——“圆梦行动”，主要资助对象为贫困高中生，为他们提供学费的同时安排志愿者“一对一”帮扶，关注贫困学子的身心健康。2010年9月至今，“圆梦行动”已资助近百位困难学生。

比亚迪奖教基金

2009年11月，比亚迪在中南大学设立奖学金，每年出资62万元，计划设立20年，奖金累计总额为1240万元。从2010年9月开始，比亚迪慈善基金会连续3年、每年出资200万元在深圳中学设立“比亚迪奖教基金”，用于奖励在教育、教学、教研和管理、服务等方面做出杰出贡献的深圳中学教职员工。

西藏光明行

2009年年底比亚迪公司人员不远万里，长途跋涉的考察身影显现在西藏地区。2010年7月中旬，为改变西藏部分地区长期无电状态，解决不通电地区人民的用电问题，比亚迪免费捐赠1000套家庭能源系统，并特别依照藏民的需求，利用西藏地区的太阳能优势和比亚迪的能源技术，结合LED照明产品及家庭太阳能系统，量身定制绿色家庭能源系统，解决西藏无电户的基本用电需求，让西藏人民用上稳定、绿色、清洁的新能源。

2011年，比亚迪向西藏无电地区的百姓捐赠1000套家庭能源系统。

绿色梦想

作为高新技术新能源企业，比亚迪从未放弃对于绿色梦想的坚持与追求。

比亚迪慈善基金会立足于企业科技创新这个大平台，不断为社会提供绿色环保产品，这是比亚迪作为一名企业公民的社会责任，也是比亚迪坚持绿色梦想的不竭源泉。2011年，比亚迪为深圳第26届世界大学生夏季运动会提供了300辆纯电动e6和200辆纯电动大巴K9。2013年，比亚迪又向深圳市绿色低碳发展基金会捐赠200万元，旨在推动本地新能源产业的健康发展。

除此以外，作为中小学社会实践活动基地，比亚迪每年都会接待不同年龄段的青少年前来参观。

番禺义工助学

广州市番禺区义工联帮扶小组成立于2012年1月，旨在通过义工的力量搭起爱心平台，发动志愿者和社会热心人士向孤儿和特困青少年伸出温暖之手，帮助他们完成学业，为他们的身心健康成长创造良好的环境。作为广州市番禺区义工联合作对象，自2013年起比亚迪慈善基金会每年定向向义工联捐助2万元，此举将持续10年，共计承诺捐资20万元，用于为山区的希望小学订购书籍、建立图书馆，为特困家庭的小朋友提供适当帮助。

相关链接》》

比亚迪慈善基金捐22万元“托起明天的太阳”

2013年6月22日，番禺区团委、番禺区义工联在番禺桥南街大会堂举办了帮扶助学成立2周年的慈善活动，比亚迪高级副总裁李柯通过比亚迪慈善基金会定向捐助2万元，且承诺善行持续10年，加上2012年捐赠的2万元，将共计捐款22万元。

近些年来，比亚迪慈善基金会的身影频频亮相大众视野，雅安地震捐资200万元，玉树地震捐资2000万元，向西藏捐赠1000套太阳能设备，价值2500万元。在众多的慈善活动中，比亚迪慈善基金会承诺捐资22万元支持帮扶助学项目，只是沧海一粟，但是，这些资金对孩子们的未来却意义非凡。

比亚迪慈善基金会代表现场捐赠2万元

生活在粤东、粤北、粤西山区贫困家庭的孩子们，他们随时面临着失学的困境，他们对知识充满了无限的渴望，他们放学后仍要打着赤脚上山砍柴，他们在艰苦的环境中不放弃读书学习，他们在破烂不堪的墙壁上贴满了奖状……如果有人能够伸出援手，延续他们的读书梦，让他们与所有其他的孩子一样，至少在求知的路上，能够站在同一起跑线上，绝对是无量功德。

比亚迪慈善基金会参与这次慈善活动时表示，番禺义工联是一个充满阳光和爱心的团体，它从2006年便已开始山区助学探访，自2011年启动以“托起明天的太阳”为主题的帮扶助学项目，2012年年初正式成立帮扶助学项目管理组，确定以“携手共建爱心平台，结对子帮助特困生”为宗旨，对每个对象进行实地探访、核实资料，确保每一位爱心人士或者企业的捐款能够真正帮助到有需要的孩子。比亚迪慈善基金会期望能够通过这个团体传递爱心，让更多的孩子圆上学梦想。

截至2013年6月27日，已有1000多人次参与助学探访活动，有100多人获得了比亚迪等企业的赞助。在这些爱心善款和各界爱心人士的支持下，番禺义工联帮扶助学组已向山区学校捐赠桌椅1600多套、厕所1间、图书2000多册……

2012年，比亚迪高级副总裁李柯通过比亚迪慈善基金会向番禺义工联捐助2万元，2013年又正式签订了为期10年的捐助合同，每年捐赠2万元，共计22万元，用于帮扶助学项目。

阜平汽车培训帮扶项目

阜平位于河北省西部，隶属保定市，全县总面积达2480平方千米，其中山地面积占95%，是全国重点贫困县。为了帮助国家贫困地区改善职业教育，让贫困地区农民尽快脱贫致富，比亚迪慈善基金会计划响应政府号召，参与阜平县职教中心第二中学实施的帮扶计划，以捐赠物资的形式资助阜平县建设汽车装配工实训中职班，可同时供60名学生学习。

志愿者活动

比亚迪慈善基金会自2010年成立以来，多次组织公司志愿者开展了慰问福利院、残疾人等公益活动。2014年7月，比亚迪慈善基金会携20名志愿者前往深圳坪山新区碧岭村，探望一个特殊的群体——坪山新区残疾人艺术团，并为他们送去了食用油、大米等生活必需品。

坪山新区残疾人艺术团成立于2013年，现有60多名残疾艺术表演者，他们均来自全国各地的贫困家庭。虽然经历坎坷、生活艰难，但是他们热爱生活、追求艺术的顽强精神可歌可泣。

美丽企业，洁净先行

2014年8月1日上午，由惠州比亚迪和大亚湾区群团工作部共同举办的“美丽企业，洁净先行”志愿活动启动会暨惠州比亚迪植树捐款仪式在大亚湾举行。比亚迪公司向大亚湾区捐赠了60万元善款，用于市政绿化建设，为建设绿色大亚湾添砖加瓦。启动仪式结束后，数百名比亚迪志愿者投入植树活动当中。志愿者们不怕脏、不怕累，一个个干得热火朝天。经过1个多小时的努力，300多棵树苗全部栽种完毕，马路两旁人行道和绿化带中的垃圾也彻底清理了干净。惠州比亚迪组建起了一支由惠州工业园员工组成的义工队伍，每月开展一次卫生清洁活动，并将长期坚持下去。比亚迪正在用实际行动告诉身边的人如何“关爱他人、关爱社会、关爱自然”。

抗震救灾

汶川地震

2008年汶川地震，比亚迪在第一时间紧急捐助1000万元现金，并从新车上拆下1000只千斤顶，以解决灾区救援工具缺乏的问题。随后包括公司总裁王传福个人的150万元捐款在内，比亚迪共为灾区募集1586万元现金；深圳亚迪学校接收150名来自灾区的儿童入读，并向灾区人民优先提供培训和就业的机会。

雅安地震

2013年雅安地震，比亚迪捐款200万元。

鲁甸地震救灾

2014年8月3日16时30分，云南省昭通市鲁甸县发生6.5级强烈地震，地震共造成617人死亡，8.09万间房屋倒塌，108.84万人受灾。为了支援鲁甸的抗震救灾活动，比亚迪第一时间向地震灾区捐款100万元以及一批便携式储能系统，以实际行动凝聚大爱，帮助灾区群众顺利渡过难关。

相关链接》》

比亚迪科技慈善成联合国亮点

美国当地时间2015年9月26日，比亚迪受邀出席在联合国总部举行的“每个妇女每个儿童”战略计划高级别会议。在中国第一夫人彭丽媛和多国元首的参与下，潘基文亲自主持并现场宣布：正式启动“妇女、儿童和青少年健康全球战略”，联合国将再次投入250亿美元到全球妇女、儿童和青少年的健康事业中去。以技术见长的比亚迪作为唯一被邀请发言的中国企业，比亚迪董事长王传福在会议现场首次创新性地提出“技术慈善，创新慈善”的思路。未来10年，比亚迪将为联合国“每个妇女每个儿童”战略计划提供技术、产品、服务的全方位支持，比亚迪科技慈善的创意成为此次联合国倡议高级别会议的最大亮点。马拉维总统及其夫人、肯尼亚总统、挪威首相、埃塞俄比亚首相等多个国家的元首和政要也都出席了会议。

正如比亚迪董事长王传福所说的那样：“慈善不仅需要资金，更需要技术和创新。”需要从技术层面去驱动慈善事业的发展，真正满足慈善需求。会上，王总对外承诺：

未来10年，比亚迪将在中国及其他国家边远地区，专门为健康和教育基础设施提供太阳能和储能微电网解决方案，以协助政府为提升妇女儿童青少年健康所做出的努力。

作为全球太阳能及电池储能行业的技术领袖，比亚迪将为需要的国际组织及政府提供技术援助。

作为全球最具创新能力的新能源企业，比亚迪将在研发上大量投入及设计针对资源匮乏地区的健康及教育领域所需要的微电网产品。

作为世界上最大的充电电池生产商，比亚迪将为了健康和教育，大幅降低相关产品的价格，使可持续融资模式在资源匮乏地区成为可能。

作为一个有社会责任感的企业，比亚迪将会向最需要电力的偏远地区、医疗站和学校捐赠太阳能及电池储能供电设备。

我们已经和肯尼亚及埃塞俄比亚政府进行了初期商谈。我们充满信心，能够成就全球每个妇女、儿童和青少年的光明梦想。

正如我们的名字：BYD——Build Your Dreams，成就你的梦想！

实际上，自“每个妇女每个儿童”项目成立以来，尽管联合国几乎动员了包含所有成员国在内的全球力量，投入了高达340亿美元的巨额资金，妇女、儿童健康以及青少年教育问题依然严峻。甚至出现，由于医疗、卫生、教育等基础设施缺失，贫穷以及偏远地区几乎与妇女、儿童死亡率直接挂钩的现象。谁也没有想到，在一个前所未有的医疗创新的新时代，我们投入了几百亿美元竟然仍未能拯救众多贫困妇女和儿童的生命。因此，联合国秘书长潘基文在“千年发展目标”转换至“可持续发展目标”的紧要关头，率先考虑到如何更进一步推动解决妇女、儿童及青少年的健康和教育问题，将“每个妇女每个儿童”全球战略的推进多次提上日程，邀请诸多成员国、企业和组织机构多方参与，共谋计策。除了资金上的直接援助之外，从技术上提高上述地区生活、医疗、教育的条件，似乎能更加高效地解决问题。

在贫困及偏远地区，由于经济或者地理位置的限制，基础设施不足已成为制约其生存条件改善的最大原因。截至目前，全球仍然有高达20%的人口无电可用，如何才能保证这些地区有可靠的、高效的、负担得起的、可持续的能源，成了改善妇女、儿童和青少年健康教育问题的重中之重，这就需要在新能源行业真正懂得技术的公司参与进来。

而过去，利用柴油发电成为解决贫困及偏远地区用电问题最常见的手段，虽然在一定程度上缓解了用电问题，但供电成本相对较高，还会产生废气污染和噪声污染。为了解决用电难题，国际社会在消除贫困的同时也不得不面对污染环境的尴尬。太阳是公平的，太阳能是用之不竭的，依托强大的铁电池技术，比亚迪成功地推出了太阳能电站、储能电站、家庭能源系统以及可以解决供电不足及不稳的B-box系统等，可以以较少的资金、资源和环境代价，换取较高的整体投资效益和能源转换效率。针对贫困及偏远地区，太阳能电池与储能电站可以为医疗站及学校等集体用电地方提供绿色、可持续的电力。即便是无电网供应的极端情况，利用太阳能、风能等发电的家庭能源系统，也能有效解决用电需求。

此次会议上，中国国家主席夫人彭丽媛更是全程使用英语，阐述自己有关所有儿童都能得到教育的“中国梦”，呼吁国际社会支持对女孩的教育以及关注妇女、儿童和青少年的生命健康。

以“技术为王，创新为本”作为发展理念的比亚迪，有“太阳能电站，储能电站，电动车”三大绿色梦想，在应对气候变化、环境污染和能源危机方面有着一整套的解决方案。从比亚迪董事长王传福出席联合国气候峰会并发表演讲，到比亚迪受邀出席“每个妇女每个儿童”高端研讨会，再到9月份，比亚迪一举拿下“联合国能源特别奖”，再到此次比亚迪随彭丽媛一起出席“每个妇女每个儿童”倡议高级别会议，比亚迪用技术实力，一步步打开了联合国的大门，在解决人类重大问题的道路上，中国企业的力量也正在一步一步强大起来。

相关链接

数九寒冬送暖春 环耀比亚迪4S店关爱老人活动

孟子有云："老吾老以及人之老。"自古尊老敬老就是中华民族的传统美德。2016年1月30日，北京环耀集团携手来广营乡政府，在来广营敬老院举办关爱孤寡老人献爱心公益活动，北京环耀比亚迪店已经连续6年举办类似公益活动。

据市场部郎经理介绍："之所以选择来广营敬老院，其中重要的一个方面是我们想为来广营地区的人们办点实事。"据悉，本次北京环耀比亚迪店共计捐献8000元物资，包括大米、豆油、鸡蛋等生活必需品。

北京环耀集团陈董事长表示："人人都有夕阳时，关爱老人并不能只说不做，我们要从点滴做起，用实际行动去关爱和帮助老人。希望更多的人都能参与到关爱老人的活动中来，让老人们感受到社会大家庭的温暖，安心地生活、快乐地生活。今天（2016年1月30日）和我们一起的有区、乡领导，还有我们的比亚迪纯电动汽车e6的爱心车主。我们带来了一些生活必需品，品种不多价值不大，希望能给老人们带来点温暖。"

朝阳区工商联的梅书记与来广营乡政府的韩乡长一同来到来广营敬老院，其中韩乡长表示："相信在座的各位，也对我们国家当前人口老龄化的趋势有所耳闻、有所体会。而我们来广营地区正是这样一个具有代表性的缩影。特别是在农村城市化快速推进的背景下，地区人口老龄化的形势日益严峻，为老人服务的需求急剧增加，并且越来越多元化、复杂化。目前，我们全地区共有老年人20887人，占地区人口总数的10.44%；有部分社区老龄化比例高达30%以上。我们乡党委、政府非常重视为老人服务的工作，按照'政府牵头、市场运行、社会补充、服务居民'的思路，统筹协调各方资源，构筑多层次的服务格局，不断完善地区养老助老服务体系建设。在这个过程中，政府的努力是一方面，企业、专业社会组织、志愿者和社会各界的参与也同样至关重要。所以，我们期待以后和比亚迪有更多携手共建的机会，也期待更多的企业和爱心人士共同帮扶老人、倾注关爱。"

平时车主活动更多的是组织周末郊游，但北京环耀集团组织关爱孤寡老人活动却更有意义。正因为有了老一辈人的劳动与付出，才有了我们今天安定、富足的生活。这些老人历经沧桑，不但应当得到物质上的保障，更需要我们给予精神上的安慰。这次活动的意义不在于礼物有多么贵重，重要的是环耀集团和爱心车主们向老人们奉献的那份爱心，奉送的那一份温暖。

这次承担运输重任的就是国内市场续航能力最强的比亚迪e6，介乎SUV与MPV的跨界造型让比亚迪e6不仅拥有更好的车内乘坐与储物空间，更大的车身轴距也让其可以安放更多的电池组。随着新能源车型的发展，300公里的续航能力逐渐被竞争对手缩小距离，但新款比亚迪e6的续航能力增至400公里。

新款车型在动力电池组总体重量方面不增反降，但总能量却增至82千瓦·时。由此可见新车在提升续航能力时并不是一味地增加电池数量，而是以质取胜，全新的电池组整体的能量密度比更加紧实并且增加了锰元素。

比亚迪新款e6目前已经进入北京私人纯电动市场，新车扣除补贴后北京售价为20.18万～22.2万元，与老款车型比并未有任何变化，绝对是加量不加价的超值车型。如果你对车型感兴趣，或是希望成为比亚迪e6爱心车主的一员，请直接联系北京环耀集团。

相关链接》

比亚迪联手接我推出“英雄团”公益活动

2014年10月30日，比亚迪汽车联手拼车软件接我推出“接我英雄团”公益活动。在此次“接我英雄团”公益活动中，比亚迪汽车为此提供的车辆为高端电动轿车比亚迪秦。作为新能源车的代表，秦自2012年在北京车展推出后，一直受到广大网友热捧。其5.9秒的百公里加速，让不少车友表示惊叹不已，时尚动感的外形深得年轻消费群体的喜爱。2014年9月份，在我国主要新能源乘用车品牌销量中，比亚迪秦以1700辆的成绩继续领跑我国新能源汽车市场。

近些年来，比亚迪慈善基金会的身影频频亮相大众视野，雅安地震捐资200万元，玉树地震捐资2000万元，向西藏捐赠1000套太阳能设备，价值2500万元。2014年1月由比亚迪实践社发起，开始了“拒绝雾霾，比亚迪实践社绿色呼吸行动”，在全国的重点高校以及人流集中的公交车站免费派发千个爱心PM2.5防尘口罩。

比亚迪在跨界合作上的成绩也非常亮眼，不仅冠名诸多活动，在与其他品牌的市场合作中也常有抢眼之举。比亚迪新能源车一直深受消费者的追捧，此次比亚迪联手接我推出的“接我英雄团”公益活动，对于接我而言，让其向建立汽车共享社会迈进一步，同时也让比亚迪、接我所倡导的新能源汽车共享网络更具实力与无限想象空间。比亚迪用实际的市场行为鼓励消费者使用新能源车，响应国家号召，低碳环保、绿色出行。此次活动将进一步促进消费者对新能源车的认识，也将增强其对新能源车的购买意愿。

“接我英雄团”公益活动通过拼车方式直接或者间接地促进了环保事业的发展，让更多的人加入拼车行列，践行绿色出行理念。

据记者从接我官方微信中了解到，参加“接我英雄团”，每月可获得千元英雄津贴，同时还可以获得限行日不限行等其他英雄特权，并且有机会成为英雄代言人。

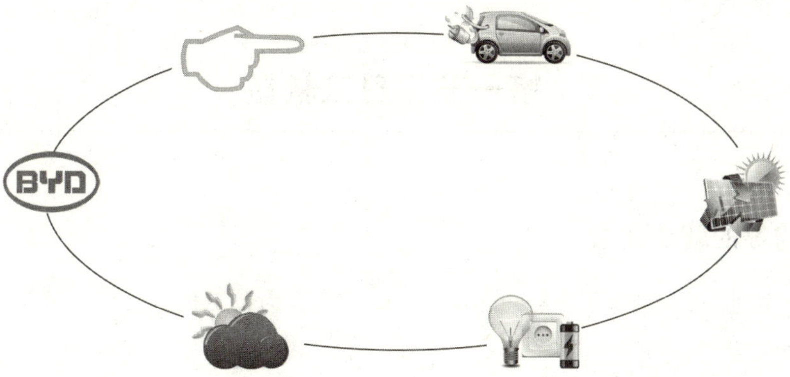

第九章 需要人才

导言：

员工是企业发展的基石，也是公司最大的财富。没有员工的辛勤耕耘，就没有企业的发展壮大。比亚迪始终坚持“以人为本”，尊重员工权利，重视人才的培养，也鼓励职工进行技术创新，并努力做到让每一位员工能人尽其才。

第一节　员工权益

均等的就业机会

比亚迪始终坚持尊重人、培养人、善待人，为员工提供公平、公正、公开的就业机会。

在制度层面，明确规定，招聘和录用的过程中，注重人才的人品道德、综合素质、发展潜力、学业背景和工作经验，遵循公开选拔和公平竞争的原则。2014年度，比亚迪未发生因性别、年龄、地域、种族、宗教、健康状况等导致的歧视事件。

在执行层面，比亚迪也在提供给员工平等、公平的就业机会，每一次的招聘都秉持着公平、均等的用人理念。

从公司员工的状态看，公司员工的年龄分布及省份分布更能体现比亚迪不存在任何形式的歧视。

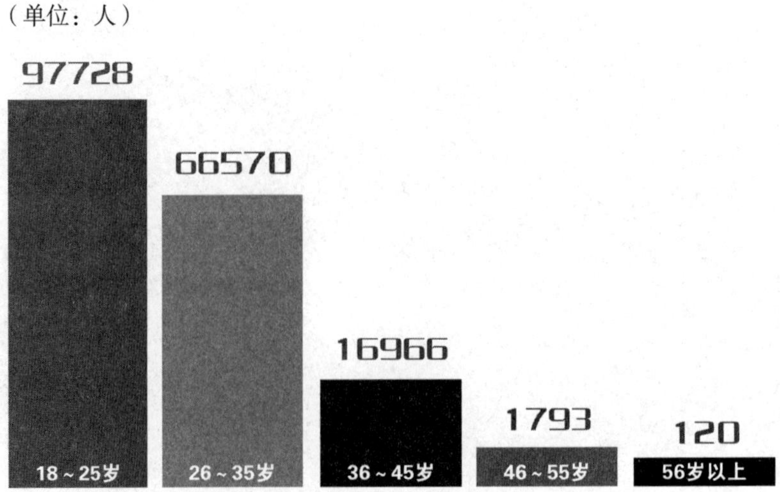

截至2014年年底员工年龄分布

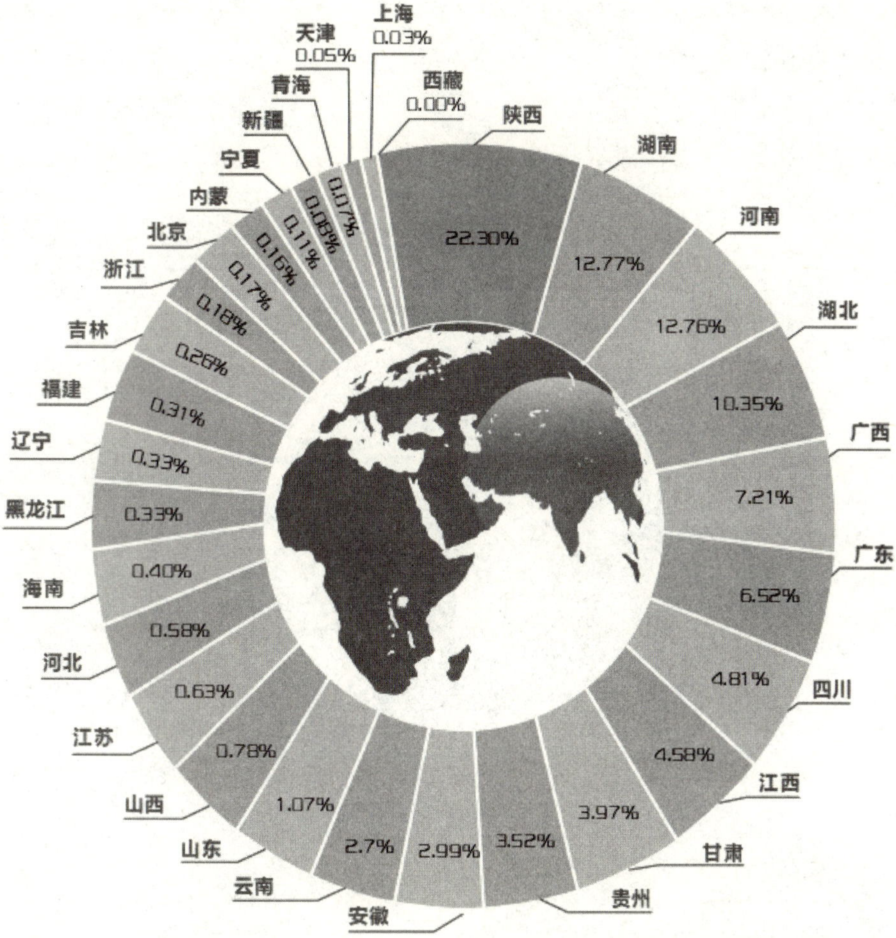

截至2014年年底不同省份员工分布比例

良好的福利待遇

比亚迪在快速发展的同时，始终不忘与员工共享发展和进步的喜悦与成果。比亚迪以《中华人民共和国劳动法》为依据，为正式员工办理各种社会保险，并设立专项医疗基金，为患病员工提供医疗资金支援。

比亚迪出资兴建了高档福利房亚迪村、亚迪二村、亚迪三村（在建）；比亚迪还十分关注员工子女们的教育问题，与深圳中学联合建立了深圳亚迪学校，这是一所高标准九年一贯全日制寄宿民办学校（附设幼儿园），彻底解决了员工生活上的后顾之忧。比亚迪还为员工提供零首付购车福利和比亚迪购车补助，员工可零首付先用车后还款；同时为员工购买新能源车提供专业充电位并免费在企业内充电。为了鼓励员工更积极地投身工作，比亚迪还设立了各种奖项，例如总裁奖、专利奖、技术创新奖等。

亚迪二村

相关链接

比亚迪推员工持股挽留人才

导语：在香港联交所主板上市的比亚迪股份今日复牌交易，但并未如此前外媒传言的那样公布4亿美元售股方案，而是抛出一揽子员工持股计划。

在香港联交所主板上市的比亚迪于2015年4月28日复牌交易，但并未如此前外媒传言的那样公布4亿美元售股方案，而是抛出一揽子员工持股计划。与此同时，公司连同集团在港上市的另一平台，主营手机代工业务的比亚迪电子先后发公告，宣布一项重要的高层人事变动。比亚迪股份副总裁王念强和比亚迪电子行政总裁李柯对调，两人都是公司元老级人物。

实际上，李柯早在2011年就基本不再过问公司IT业务，其本人也不担任海外销售公司总经理，而是只担任北美公司总经理，负责汽车业务。李柯已经拿到美国绿卡，加上家庭、小孩皆在美国，事业重心早已不在国内。而随着外资品牌手机的没落和中国品牌的崛起，IT业务这块比亚迪的主要市场份额逐渐转向内地。比亚迪电子财报显示，2014年中国业务增长明显，总业务量占比从前一年的73.7%增至83.5%。

此外，李柯在管海外营销的时候更偏向销售，公司运营长期由同为创始元老的杨龙忠负责。2012年，据传因不满集团架构调整和业务变动的杨龙忠辞职，接替他出来主持大局的是比亚迪股份副总裁和第一事业部总经理王念强。比亚迪第一事业部主要负责手机外壳、电池等生产线。

众所周知，比亚迪和富士康是手机代工领域的两大龙头，占据着主要的市场份额。2014年比亚迪电子实现销售198亿元人民币，同比增长23.47%，但并没有赶上全球智能手机出货量28.4%的增长节奏。此前富士康牢牢把控着利润更丰厚的苹果手机的代工权，比亚迪只在最近才切入苹果供应链，代工部分零配件。

观察人士指出，比亚迪在IT业务的竞争力属于中等偏上。之所以这么说，一是因为比亚迪电子毕竟是上市公司，二是其的确拥有不错的技术储备，尤其是在手机外壳的生产研发方面。目前HTC，内地的华为、宇龙酷派、联想等都是它的客户，2014年它还获得了来自三星的订单。但是，比亚迪不足的地方在于其公司体制造成内部狼性不够。与华为等不同，比亚迪首先推崇的是家文化，并且薪资体系在当前整个行业里面看来失去了竞争力。

上述比亚迪离职员工就告诉记者，比亚迪工资太低，这也是很多人慢慢离开的重要原因之一。其进一步指出，人工低其实是把双刃剑，一方面，它帮助比亚迪在与富士康的竞争中占据竞争优势，尤其在两者技术水平不分伯仲的情况下；另一方面，挫伤了员工的积极性，造成人才流失。相信比亚迪在这个时候推出员工持股计划绝非偶然。目前，王传福持有比亚迪23.09%的股份，而根据这次公告，他只要拿出其中1.32%的股份激励员工，如果能起到公告所称的“挽留人才及重要雇员”的作用，实际上也将是一笔划算的买卖。

第二节 员工关怀

人的发展是企业发展的前提。比亚迪在20年时间内迅猛发展的重要因素在于：贯彻以人为本的理念，关心员工身心发展，最终实现企业与员工的共同发展。

比亚迪的员工关怀主要包含三个方面，如下图所示。

员工关怀

关注身体健康

员工是企业发展的基石。比亚迪一直倡导，关爱员工的健康是企业应尽的责任。员工的健康幸福不能保障，就谈不上企业的长远发展。

2014年5月22～23日，为了保障员工的身体健康，比亚迪组织了上海地区员工年度体检工作，体检主要包括血液检测和胸透等系列项目，体检中心医护人员专业、细心的指导和检测让员工在舒心和安定的环境中接受体检项目。

2014年5月26日，比亚迪争取到北京京通医院来公司为140多名女职工进行了免费健康检查，主要检查项目包含血糖、血压、B超等。这次体检有助于提高流动已婚育龄妇女的生殖健康水平。

员工是公司的财富，没有员工健康的体魄、辛勤的付出，企业就没有发展的动力。

关注心灵健康

为提高员工情绪管理能力，近年来，比亚迪不断关注员工的心灵健康。为了鼓励员工积极参与管理，比亚迪通过多渠道交流机制了解员工工作、生活情况，保护员工的合法权益，及时发现和处理隐患问题，促进企业和谐发展。

比亚迪通过职业心理健康、压力管理、挫折应对、积极情绪、职业倦怠、工作与生活平衡、咨询式管理者、人际交往与沟通技巧、员工心理危机干预等系列培训，帮助员工掌握提高心理素质、保持心理健康的基本方法和技巧。

不仅如此，比亚迪还定期进行员工满意度调查和举办员工座谈会，让员工畅所欲言，平等交流，表达自己的看法与想法，体现自我主张，实现自我价值。

丰富多彩的文体活动

为丰富员工的业余生活，增强团队凝聚力，给紧张繁忙的工作带来轻松与欢乐，比亚迪修建各种文体活动设施，同时不定期举办各种类型的文体活动，充分体现了员工之间团结互助、激情向上的精神风貌。

第三节　人员培养

比亚迪提倡“造物先造人”的理念，注重员工的培养，通过培训提高员工的素质、技能，并在实际工作中借着项目、任务锻炼以培养员工的职业素质与能力。同时，每年制订相应计划组织员工投入培训与学习，促进员工职业能力的提升，帮助员工打开职业发展通道。2014年度，据不完全统计，共组织48196次各类培训，约35万人次的员工接受培训而受益，5286名员工得到岗位晋升培训。

2014年比亚迪的培训数据

管理类培训与培养

管理类培训与培养主要包含三个方面，如下图所示。

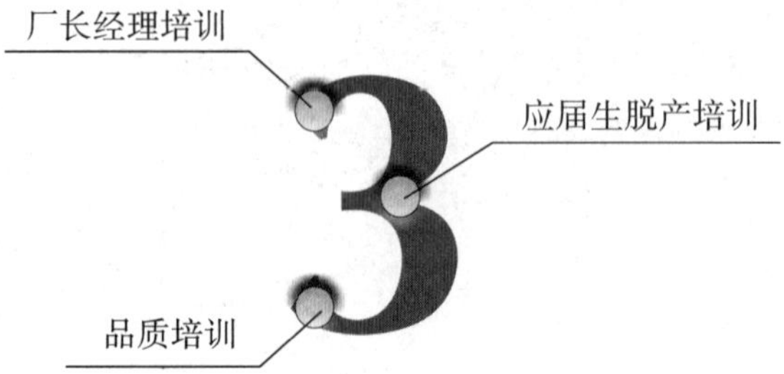

管理类培训内容

厂长经理培训

按照高级人才培养计划，2014年全年共完成厂长经理培训165 课时，共1080人次接受培训，这是比亚迪为培养各事业部骨干员工而举办的案例培训课程。同时，2014年11月，比亚迪专门举办高层培训交流会，比亚迪总裁、高级副总裁、副总裁亲自为近800名高级员工交流授课。

应届生脱产培训

2014年度 1628 名应届生进入比亚迪各部门，比亚迪专门组织应届生进行80

课时的脱产培训，培训内容包括企业方圆、公司管理、职业提升、阳光分享4大模块23门课程。

品质培训

为满足比亚迪提升产品品质和工作品质的需要，比亚迪组织汽车产业群品质、工艺和生产技术骨干的系列培训，课程包括“FMEA-CP”和“内审员系列培训”“研发品质管理/DQE/QG/APQP/FMEA-CP”“供应商品质管理/PPAP”“关键过程管理（含特殊过程）”“SPC/CPK”“现场管理及5S”等，分别有2000人次的员工接受培训。

技能类培训与培养

技能类培训与培养包括四个方面，如下图所示。

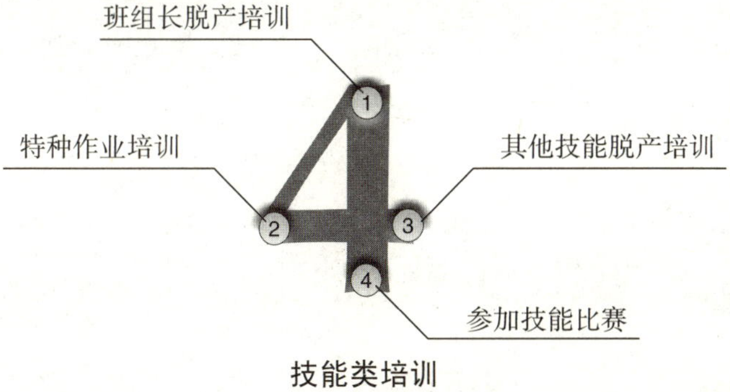

技能类培训

班组长脱产培训

比亚迪注重基层骨干员工的培养，每月组织工厂车间的班组长脱产培训，培训周期为56课时，内容包括员工激励、团队建设、生产现场管理、品质管控、降低离职率等共计13门课程。2014年共有1807 名基层班组长接受该项脱产培训。

特种作业培训

积极开展特种作业培训，贯彻“安全上岗、持证上岗”的原则。2014年共有电工317人、电焊工131人、起重机操作员221人、叉车操作员253人、安全主任115人、牵引车操作员32人、压力容器操作员70人、危险化学品工作人员88人、场内机动车辆管理人员12人、起重机械管理人员5人、承压类管理人员11人参加特种作业上岗证培训及考试。

其他技能脱产培训

2014年组织开展技能岗位脱产培训的还有：468 名品管人员接受品质管理培训，159 名物料员、75 名仓管人员、17名物料控制计划人员接受岗位认证培训与实操学习。

参加技能比赛

积极组织基层员工参加社会上的技能比武与比赛，借此激励员工参与各种技能培训提升技能水平。2014年共有 37人参加坪山新区举办的模具设计师、数控操作员、中级车工技能比赛，其中4名员工囊括模具设计师比赛前4名，2名员工分获数控操作员技能比赛第3名、第6名，另有2人分获中级车工技能比赛第2名、第6名，同时，比亚迪获得优秀组织奖。

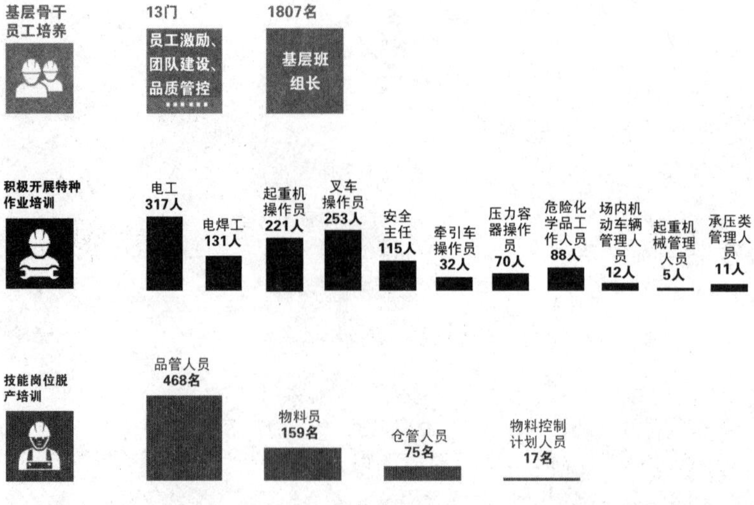

2014年技能类培训数据

专项技术培训与培养

比亚迪非常注重员工专项技术的培训，下图列举了2014年的3件事。

- 事件一：2014年两次组织实施了为期4天的“Office办公软件培训”和“Lync培训”脱产培训，外请讲师来自戴尔公司，有2179名员工受益
- 事件二：2014年两次组织实施了为期 1 天、2个班的 “看板拉动生产”脱产培训，外请讲师来自莱茵顾问公司，有75名员工受益
- 事件三：2014年为比亚迪SVB工厂中级操作员进行为期45天、37门课程304课时的脱产培训，47名中级操作员直接受益

2014年专项技术培训事件

相关链接 》》

比亚迪校园招聘流程

比亚迪校园招聘主要分为五个步骤，如下图所示。

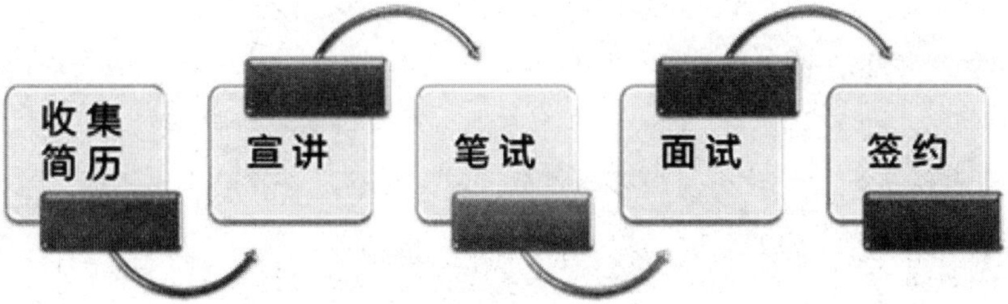

比亚迪校园招聘流程

1. 收集简历

比亚迪校园招聘只接收电子版简历，因此请同学们按以下方式投递简历（简历收集的截止时间以宣讲人员公布的时间为准）：

- ★ www.byd.cn ——加入我们——校园招聘。
- ★ http://job.byd.com.cn 注册并提交简历。

2. 宣讲

具体宣讲时间请关注学校就业信息网，届时欢迎广大学子参加比亚迪的校园宣讲会。

3. 笔试

笔试一般在宣讲会后1天或2天内进行，具体信息将在学校就业网上公布，接到笔试通知后，请准备以下资料在指定时间、地点参加笔试：

（1）笔（中性笔、钢笔或圆珠笔）。

（2）成绩单复印件。

（3）学生证、身份证。

（4）应届生信息采集卡。

⋆电子版填写完整再打印，或者打印之后再手工填写均可，但是“学生签名”必须手工填写。

⋆无论是打印版还是手写版，所有信息必须在1页信息卡中体现（包括“学生签名”及“签字日期”）。

⋆填写时不得有空缺项，视力处填写范围为0～5.0。

⋆高中就读时间一般为3年，大学就读时间为4年，若有休学、复读等不符合此年限的情况，请在接受教育信息的“异常情况说明”一栏中写明具体原因。

4. 面试

面试具体信息将会以短信、电话或者电子邮件的方式通知笔试合格者。接到面试通知后，请准备以下资料，在指定时间、地点准时参加面试：

⋆文本简历：打印投递到我司的简历，在简历最后一页签上自己的姓名。

⋆学生证、身份证原件。

⋆成绩单原件。

⋆四级证书原件（专科生不需提供）。

⋆就业推荐表原件。

5. 签约

接到签约通知后，有意向签约的学生，请自备一支钢笔或者中性笔并准备以下资料在指定时间、地点签约：

（1）就业协议书原件。

★一式三份或者四份需全部提供。

★原则上必须先加盖学校就业指导中心公章和所在院系行政公章。

★若需公司先盖章，则请公司盖章回寄后加盖公章。

★协议书填写模板可在比亚迪官网下载。

★在备注条上，务必勾选是否办理户口。

★在备注条上，务必在备注条与协议书的交接处签骑缝字。

（2）推荐表原件。

★要求填写完整、准确，不能有涂改。

★加盖学校就业指导中心公章和所在院系行政公章。

（3）成绩单原件。

★要求加盖教务处公章或院系行政公章。

★不得有不及格或者成绩空白的课程。

★必须为独立打印版，手写版无效，打印或手写在就业推荐表中的无效（成绩单粘贴在推荐表中的有效）。

★成绩单中需包含但不限于姓名、学校、学院、专业等个人信息。

★若为多页成绩单，需在每页加盖同样的公章（骑缝章也可）。

（4）应届生信息采集卡。

★电子版填写完整再打印，或者打印之后再手工填写均可，但是“学生签名”必须手工填写。

★无论是打印版还是手写版，所有信息必须在1页信息卡中体现（包括“学生签名”及“签字日期”）。

★填写时不得有空缺项，视力处填写范围为0～5.0。

★高中就读时间一般为3年，大学就读时间为4年，若有休学、复读等不符合此年限的情况，请在接受教育信息的“异常情况说明”一栏中写明具体信息。

（5）身份证复印件。

★要求用A4纸张复印且清晰可辨。

★二代身份证要求正反面均复印在同一张A4纸上。

★身份证要求等倍复印（按照实际大小复印，不得放大或缩小）。

★身份证需在有效期内，过期或临时身份证无效。

（6）英语等级证书或英语成绩单复印件。

★本科及以上学历必须提供，要求用A4纸张复印且清晰可辨。

★现场签约的，需审核原件。

★对新的四（六）级考试体制，要求最低分数线是421（含）分。

★证书丢失的，可提供学校教务处或上海四六级考试中心加盖公章的证明复印件（入职时需检验原件）。

（7）体检单（非必须提供）。

★签署协议后，学生应当自行进行体检。

★体检项目须包含内科、外科、五官科、胸透及肝功能ALT检查。内科必须包含但不限于血压、心率、心音、肺音、脉搏的检测；外科必须包含但不限于皮肤病、外伤、肝脾肿大、甲状腺肿大、腹部肿瘤的排查；五官科必须包含但不限于眼部眼患、扁桃体肿大、鼻中隔偏曲的排查。

★对于有既往病史、家族史或体检异常的学生，应在协议签订之日起15天内将既往病史、家族史相关说明或体检结果寄往公司（以寄出的邮戳日期为准），不合格则协议自动解除。

★协议签署后至报到期间发生的任何疾病，报到之前必须将病历资料扫描或邮寄至公司，以决定协议是否继续有效。

★体检标准参照当年国家公务员录用体检标准。

若属于以下情况，还需要提供以下资料：

（1）深圳生源：高中毕业证复印件，深圳户口的还需提交户口本首页和个人信息页的复印件。

（2）军事院校毕业生：入学时的招生录取名册复印件（加盖学校相关部门公章，一般由学校招生办公室或者档案馆出具），军事院校毕业生还须提供毕业院校出具的地方生证明。

（3）已婚人员须提供结婚证（验原件，收复印件）、配偶的户口本复印件、身份证复印件。

（4）已婚未孕未育人员提供“拟引进人员计划生育情况调查表”（收原件）。

（5）已婚已孕或已生育人员须提供“深圳市计划生育证明”（收原件，此证明由深圳入户地计生办办理）。

（6）离异人员须提供离婚证、离婚协议书或离婚判决书、离婚调解书。（验原件，收复印件）。如夫妻双方有前次婚姻的，需提供前次婚姻的离婚证和离婚协议书或离婚判决书（收原件及复印件）。

（7）如有子女的还须提供子女的户口本原件及复印件。

（8）师范院校的非师范生提供“师范院校非师范专业证明”并加盖教务处公章。

温馨提示：

（1）提交资料时，请按以上顺序排列，便于统一审查及保管。

（2）以上资料的各项信息必须一致，如姓名、出生日期（就业推荐表、应届生信息采集卡等资料中必须一致）等。

（3）所有资料的复印件均需用A4纸复印且清晰。

（4）所有资料的盖章必须清晰。

参 考 文 献

[1] 佚名. 比亚迪获选“百姓心中最能代表中国制造的消费品牌”. 比亚迪官方网站，2017-03-09.

[2] 佚名. 王传福：电动车颠覆燃油车 先赌技术再定战略. EV视界，2016-01-29.

[3] 佚名. 访英团“赚”得漂亮！习大大见证比亚迪拿下6.6亿英镑大单. 搜狐新闻，2015-10-22.

[4] 佚名. 就要纯电动！比亚迪e6成巴西出租车、警车新宠. 搜狐汽车，2015-10-15.

[5] 佚名. 比亚迪王传福为何看好新能源车. 汽车之家，2016-03-06.

[6] 比亚迪董事长王传福：没有深圳就没有比亚迪. 深圳特区报，2015-09-14

[7] 王传福. 比亚迪：借政策东风以技术报国. 中国电池网，2014-08-07.

[8] 孙燕飚. 巴菲特投资比亚迪又成经典案例 一年狂赚500%. 中国证券网，2009-09-01.

[9] 佚名. 2016年2月比亚迪最畅销轿车车型：F3 销量3228辆. 中商情报网，2016-04-05.

[10] F3E、充电站轮番上场，比亚迪领军中国环保汽车产业. 电子工程专辑，2006-08-02.

[11] 佚名. 比亚迪唐云南版6月23日强势登临. 爱卡汽车，2015-06-23.

[12] 兴珉. 对话王传福：打造以技术为核心的比亚迪. 汽车之家，2015-12-22.

[13] 佚名. 新能源冠军“出海” 比亚迪获世界点赞. 爱卡汽车，2016-03-04.

[14] 佚名. 助力转型升级 比亚迪发布道路客运电动化解决方案. EV视界，2015-09-23.

[15] 佚名. 比亚迪这是要逆天！电池技术又有新突破. 汽车之家，2014-08-30.

[16] 佚名. 比亚迪：一块电池的信仰. 车市红点，2016-03-31.

[17] 方南. ODM成比亚迪聚宝盆　半年营收增长96%. 南方都市报，2010-09-29.

[18] 佚名. 电动汽车电池生产商排行榜TOP10：松下卫冕 比亚迪排第二. 雷锋网，2016-03-28.

[19] 上方文Q. 手机平板代工：比亚迪强势崛起PK富士康. 驱动之家， 2013-07-10.

[20] 游保平. 致电比亚迪：怎么连你也开始用三元锂电池. 第一电动网，2015-08-20.

[21] 佚名. 全球电池市场激增3倍 松下独大比亚迪看升. 第一电动网，2016-03-30.

[22] 佚名. 电池大王背后的技术优势——比亚迪工厂揭秘. OFweek 锂电网，2014-04-18.

[23] 佚名. 比亚迪创始人王传福：“造车狂人”的人生“过山车”. 前瞻网，2014-12-04.

[24] 佚名. 比亚迪出海. 极客网，2014-12-03.

[25] 佚名. 新增3600辆！比亚迪助力深圳纯电动公交推广提速. 证券时报网，2015-09-18.

[26] 关于免征新能源汽车车辆购置税的公告. 国家税务总局网站，2014-08-11.

[27] 佚名. 比亚迪亮相澜湄国家展，获克强总理等六国领导人点赞. 比亚迪汽车官网，2016-03-23.

[28] 陈文标. 深圳多项新政为新能源车“充电”. 深圳特区报，2015-02-01.

[29] 佚名. 比亚迪精诚服务品牌荣膺2015中国汽车服务金扳手奖“新能源服务奖”. 比亚迪官网，2015-12-17.

[30] 陈德. 全球唯一新能源车企获邀 比亚迪携手纽约巴黎等世界名城共议可持续发展. 成都晚报，2014-10-17.

[31] 佚名. 提前4年响应伦敦市市长号召 比亚迪供应零排放出租车队. 上海热线汽车频道，2014-02-18.

[32] 徐跃翔. 比亚迪建“超级充电站”，可服务400辆车. 网通社，2015-01-27.

[33] 佚名. 比亚迪叉车经销商年会举行 引领绿色仓储新潮流. 比亚迪叉车官网，2016-03-15.

[34] 佚名. 汽车界全球唯一获奖企业 比亚迪获评“杰出绿色贡献大奖”. 中国汽车消费网，2014-05-16.

[35] 佚名. 出口欧美日 比亚迪借新能源汽车实现全球化. 电动汽车时代，2016-04-01.

[36] 佚名. “两年平均小于1个故障” 这款新能源车如何做到的. 汽车观察家，2016-03-24.

[37] 佚名. 比亚迪在深圳召开首届迪粉大会. 网易新闻，2015-01-27 .

[38] 高京. 比亚迪“迪粉”聚会 王传福几度哽咽. 2015-01-28.

[39] 佚名. 比亚迪汽车精诚服务品牌荣膺2014中国汽车服务金扳手奖“技术贡献奖”. 比亚迪官网，2014-11-18.

[40] 佚名. 是非比亚迪：变速箱质量屡遭投诉 质检总局介入. 中国质量万里行，2015-12-10.

[41] 佚名. 比亚迪慈善基金捐22万元“托起明天的太阳”. 易车网，2013-06-27.

[42] 佚名. 比亚迪科技慈善成联合国亮点. 搜狐汽车，2015-09-30.

[43] 佚名. 数九寒冬送暖春 环耀比亚迪4S店关爱老人活动. 电动汽车时代网，2016-02-02.

[44] 佚名. 比亚迪联手接我推出“英雄团”公益活动. 爱卡汽车，2014-10-30.

[45] 白晶. 比亚迪推员工持股挽留人才. 经济观察网，2015-04-28.